中华传统文化
经典研习系列

杨 雨 ◆ 著

宋词
应该这样读

中华书局

图书在版编目（CIP）数据

宋词应该这样读 / 杨雨著 . — 北京 : 中华书局，2019.1（2024.3 重印）
（中华传统文化经典研习）
ISBN 978-7-101-13121-5

Ⅰ . 宋…　Ⅱ . 杨…　Ⅲ . 宋词—中学—教学参考资料
Ⅳ . G634.303

中国版本图书馆 CIP 数据核字（2018）第 048588 号

书　　　名	宋词应该这样读	
著　　　者	杨　雨	
丛 书 名	中华传统文化经典研习	
责任编辑	刘　三	
责任印制	管　斌	
出版发行	中华书局	
	（北京市丰台区太平桥西里 38 号 100073）	
	http://www.zhbc.com.cn	
	E-mail : zhbc@zhbc.com.cn	
印　　刷	中煤（北京）印务有限公司	
版　　次	2019 年 1 月北京第 1 版	
	2024 年 3 月北京第 2 次印刷	
规　　格	开本 / 880×1230 毫米　1/32	
	印张 10　插页 2　字数 183 千字	
印　　数	10001-11000 册	
国际书号	ISBN 978-7-101-13121-5	
定　　价	30.00 元	

自序

以前读到一篇文章，讲俞平伯在北大讲授唐宋词，将一首名作抄在黑板上，转过身来诵读一遍，对学生说："这词真好，真是好！"然后转身再抄录一首，说："我们看下一首，好词，真是好词啊！"就这样抄抄说说，发个感慨便不愿意多说下去。有学生问先生：好词究竟好在哪里？俞先生的回答大体相似，总不外自己读、好好想之类。

这被俞先生的学生当作文人逸事写在追忆文章中，很可能是渲染俞先生个性风雅的意思。我完全能够想象俞先生读词时摇着身子、兴会淋漓的神情。当一个人读词而心有戚戚甚至心潮澎湃之时，无意破坏心中刹那的感觉，一心要让直觉长长地停留在心中，这其实是很能理解的。徐文长说："读词如冷水浇背，陡然一惊。"这一惊之下，自然难以用言语来表达。但读者诸君若以为俞先生讲词都是如此，就可能被一种偶然的场景、一个夸大的传说而误导，因为俞先生分明撰有《读词偶得》《唐宋词选释》等解析词的著作。

　　何以理解俞平伯有时"以不言言之"的讲词风格呢？我想这与词的体性多少有些关系。前人论词大体以婉约为宗，甚至将这种婉约形容为"骄马弄衔而欲行，粲女窥帘而未出"，认为这种欲行而未行、欲出而未出的境界便是词之佳境。对于俞先生而言，可能认为读起来很唯美、听起来很沉醉的词，说出来则会流失了原词的神采。有些感受确实是只可意会不可言传的。

　　但是，能够用心直贯古人的人毕竟是少数，对于绝大多数人来说，一种既合乎情理又不失精妙的解说，其实是必不可少的。更何况因教学之需，教师有引导学生赏析诗词的责任和义务。而如果从传承经典的角度来说，精准地演绎经典的内涵，才能使经典不断衍生出新的生命力。

　　阐释经典是每个时代无法绕行的工作。无论是面对柔情曼声的小令，还是沉雄悲壮的长调，词的解析从来不是一件容易的事。况周颐提到的填词口诀，除了"自然从追琢中出"之外，便是"事外远致"和"烟水迷离之致"。又说："此等佳处，神而明之，存乎其人，难以言语形容者也。"其词学导师王鹏运更因词"烟水迷离之致"的特性，而认为"填词固以可解不可解，所谓烟水迷离之致，为无上乘耶"。在词学家的描述中，词体确实带着相当神秘的色彩，这为俞平伯等的"不可解"说提供了学理支持。但"可解"的一面便也敷衍成诸多词话的主要内容。毕竟"骄马弄衔""粲女窥帘"

带着明显的情感指向，赏鉴家需要的也就是对"骄马""粲女"多一些沉潜含玩、细心观察的功夫而已。

当然，越是经典的作品，对赏鉴家的挑战便也越多。那些广为流传的好词往往家玩人璧，评者纷如，后来者要能稽古证今，独出机杼，谈何容易。如同一《花间》，誉之者称为绮丽中不乏清雅，如古锦纹理，自有黯然异色；毁之者则以六朝绮靡拟之，认为可见一时萎靡之情形。同一长调，有的主张须叠有波澜而一气流贯；有的则主张字面涩留而潜气内转。故裁断之难，真有令人却步之感。

我的这部解说宋代词人经典作品的小书，便是在这样的背景下开始的。虽然在撰写过程中时不免于战战兢兢，但完稿之后回看过往的文字，对于自己坚持的解析策略与路径，仍是感到欣慰的。

词兴起于唐，极盛于宋，王国维说"一代有一代之文学"，词经历了几百年的涵泳之后，终于在宋代大放异彩，成为其代表性的文学样式。甚而至于还有人认为："宋人不知诗而强作诗。其为诗也，言理而不言情，故终宋之世无诗焉。然宋人亦不可免于有情也。故凡其欢愉愁怨之致，动于中而不能抑者，类发于诗余，故其所造独工，非后世可及。"（陈子龙《王介人诗余序》）"诗余"即词之别称，陈子龙说"终宋之世无诗"固然可以见仁见智，但他毕竟揭示了宋词的两大要素：一为言情，此乃宋词之主要职能，"宋人亦不可免于有情"，宋诗言志言理，宋词则承担了宋人情绪的宣泄，尤其是个人情意的千回百转，终于在长短句之词中得以尽情释放；一为其工，"所造独工，非后世可及"，词在宋代的发展已臻极诣，成为后代词坛追步的典范。

我在这本书中亦基本遵循这两个标准选录词人：一是其形成了个性独具的抒情风格，在"明星"词人灿若星河的宋代词坛上仍然具有相当高的辨识度；二是在词史上有特殊贡献，即便不能转移一时之风气，也需对当时词风具有一定的引领意义。于是李煜、柳永、晏殊、张先、欧阳修、晏几道、苏轼、秦观、周邦彦、李清照、辛弃疾、姜夔这十二位词人便进入我的视野。

李煜虽是南唐后主，但其入宋之后的作品在词史上的地位一贯很高，王国维说"词至李后主而眼界始大，感慨遂深，遂变伶工之词而为士大夫之词"，亦主要是针对其后期作品而言。变"伶工之词"为"士大夫之词"，词之应歌而作的娱乐功能，一变而为士大夫文人的身世感怀，李煜实居功至伟。

在李煜之后，晏殊、欧阳修主盟的北宋初期词坛，主要师法南唐二主及冯延巳词，以小令创作为主，洋溢着雍容闲雅、豁达超迈的贵族气韵；与之相对的则是柳永大力发展了长调慢词，在传统闺情之外，更以羁旅行役、城市风光等题材拓展词境，成为最受欢迎的流行音乐制作人；而张先词则被视为"古今一大转移",其"以诗为词"的作法在一定程度上影响了词坛后起之秀苏轼,词逐渐成为文人交游明志的重要载体。

周邦彦有"词中老杜"之誉,其在词之创调与格律等方面的贡献可拟之于杜甫对律诗的贡献,被认为是宋词之集大成者;南宋的姜夔则可视为周邦彦格律派在南宋的嗣响。

苏轼、辛弃疾分别成为北宋、南宋豪放派的领袖人物,与之相对应的则是婉约"二宗":北宋之秦观与北、南宋之交的李清照。但其实,宋代词坛的丰富性并不能简单以"豪放""婉约"两端概括之,即便同一词人,其风格也往往呈现出多样性,因此相对于词人取舍的斟酌,作品的择录其实更为费心。本书名为《宋词应该这样读》,则其重点应为经典词作的选择及其鉴赏的基本路径。故而本书解析的词作需要满足两个基本条件:其一具有经典的品格;其二代表词人的风格。其中代表词人的风格方面,可能有更大的灵活性,盖词风既有变化,而同一词风,驰名的作品也往往较多,如何取舍其实是一件煞费苦心的事。而我在前述两个条件之外,其实还有一个避熟的想法。因为虽同在经典之列,但被关注的程度仍有差异,适当选择那些意蕴丰富而相对不那么耳熟能详的作品,或许有其独特的意义。

所以,在这十二讲中,若李煜《破阵子》(四十年来家国)、晏殊《浣溪沙》(一曲新词酒一杯)、欧阳修《生查子·元夕》（去年元夜时）、晏几道《临江仙》（梦后楼台高锁）、苏轼《江城子·密州出猎》（老夫聊发少年狂）、《江城子》（十年生死两茫茫）、秦观《踏莎行》（雾失楼台）、周邦彦《西河·金陵怀古》（佳丽地）等作品，知名度非常高，既符合经典的品格，也没有刻意避熟。

而柳永《定风波》（自春来）、苏轼《定风波》（常羡人间琢玉郎）、李清照《渔家傲》（天接云涛连晓雾）、辛弃疾《沁园春》（三径初成）、姜夔《长亭怨慢》（渐吹尽枝头香絮）等词，其经典地位固然毋庸置疑，但相对各人最为驰名的作品而言，仍不免生冷一点，此书将这些作品选入，就是因为他们在彰显词人风格上具有不可忽略的意义。

如关于柳永，自来多有关注的便是《雨霖铃》（寒蝉凄切）、《八声甘州》（对潇潇暮雨洒江天）一类的作品，这些作品也确实如苏轼所说，堪称"不减唐人高处"。但这是由选家的立场来决定的，大体代表了一种士大夫的审美眼光。然而，这种立场是否能契合柳永本人的立场，是否对柳永具有"同情之了解"呢？这就很可能是个问题了。本书选择柳永的《定风波》（自春来）作为解说的对象，演绎柳永词"骫骳（wěibèi）从俗"的特点，无论是就柳永当年的性情而言，还是境遇和审美而言，都是最契合柳永本来面目，体现柳永词最为本色的地方。

苏轼的情况也与此类似。苏轼词被关注的焦点往往是他那些带着飞扬意趣和旷达情怀的词，这些词因为突破了传统婉约词的风格藩篱，带着"异端"的色彩，不仅在苏轼当世成为热点话题，而且在后世也极为高频地出现在各种选本之中，以致在一定程度上遮蔽了苏轼词其他的光彩。但我一直认为，苏轼融合儒释道而形成的人生锐识才是其文学作品中最具魅力之处，这种魅力与风格的豪放、婉约无关，也与其在文坛的领袖地位无关，而是与宋代理学的发展密切关联。或者说，只有在理趣的视野中来考量苏轼的词，才能将最本色的苏轼呈现出来。如此，苏轼的《定风波》（常羡人间琢玉郎）就进入了本书选择的视野。这首词既带着传统小词"玉郎""酥娘"的清艳，也带着苏轼"万里归来"的沧桑，更带着"此心安处是吾乡"的人生观，洋溢着苏轼随缘自适的性格光辉，积淀着深沉的人生感慨。词学史上经常用"雅人深致"来评价苏轼，而所谓的"雅"和"深致"只有深入到苏轼的本质本色层面，才能有真切的领悟。

再如李清照，其《渔家傲》（天接云涛连晓雾）一词当然也曾经受到过关注，但因为易安词珠玉琳琅，佳作纷纭，这首《渔家傲》被选录的情况并不多见。况周颐曾言："评闺秀词，无庸以骨干为言，大都嚼蕊吹香，搓酥滴粉云尔。"但李清照在词学史上既被视为"闺阁中之苏、辛"，其词"倜傥有丈夫气"，而能与这种声誉相对应的自然应是这首《渔家傲》（天接云涛连晓雾）了。李清照深明词的体例在声律、在婉雅、在富贵态、在妙语迭出、在结构浑成，所以她的词便在"别是一家"方面下足功夫。这种体制的限定使得她将自己的本色退隐在体制的背后，像《渔家傲》这样的词绝对是李清照在词体中偶尔露峥嵘了。唯此偶尔透露的端倪，才更为接近李清照的内心深处。其实只要读读其《夏日绝句》诗："生当作人杰，死亦为鬼雄。至今思项羽，不肯过江东。"以及"南渡衣冠少王导，北来消息欠刘琨""千古风流八咏楼，江山留与后人愁"等诗句，就能明白李清照的深衷所在。而在词里面，能够与这种情怀彼此呼应的除了这首《渔家傲》，还能有哪一首呢？

关于辛弃疾词，本书重点解读了《沁园春》（三径初成）一首，这首写带湖新居的词不仅写出了词人意欲归隐的心态，更以弛张有度的笔墨生动描摹了带湖新居的三面环山一面临水的地理位置、错落有致的庭园结构、缤纷炫目的林木之胜。本书从园林史的角度来切入对此词的解读，在昭示辛弃疾此词的"园林"特色的同时，也将辛弃疾"此身忘世浑容易，使世相忘却自难"的人生纠葛与无奈阐释出来。正如书中所说："人与自然如此默契无间，人与人事之间却是如此悲凉，英雄慷慨如辛弃疾也无回天之力。在失望乃至绝望的洞察世事之后，试图从纷纭的'蜗角争斗'中解脱出来，把自己的生活纳入'庭院深深'的园林，回归自己的内心，回归自然，成了稼轩后半生最寂寞、最痛苦的挣扎。"写园林之佳胜，却包含着人生走向的挣扎，这样的视角必须建立在对辛弃疾的平生经历与志向有着全局性总览的基础之上。

解说是此书的重点。我的想法是与其被沉重的前人文献压制住，不如褪去繁华，从最直接的文本入手，以最直觉的感悟反观作品，寻绎其中的艺术图景和情感线索；此外，在现有文献能够提供足够证据的情况下，再将作品置于词人的生平经历之中进行更为深层的观照，因为即便是同一个词人，在不同处境与心境下亦会产生不同的创作动机、灵感，催生出风格迥异的作品。于是，欧阳修貌似洒脱豪迈的《朝中措》（平山栏槛倚晴空），在我读来竟满是半百"衰翁"的生命焦虑；李清照的《点绛唇》（蹴罢秋千）塑造了一个天真烂漫又不乏娇羞可爱的少女形象，但其实这首词未必能视作李清照真实生活经历的再现，它很可能只是对晚唐诗人韩偓《偶见》诗意的化用，而宋词对唐诗的檃栝（yǐnkuò）实在也是极为普遍的现象，李清照更是其中作手，等等。

繁华落尽见真淳，那种既合乎情理又不失精妙的解说源自我们对原典的把握。当我们真真切切地了解了作者，了解了他们不同生命阶段的体验时，我们也最能理解其作品。本书的出发点是引导大家学会赏析宋词。无需用华丽的词汇去藻饰，也无需绞尽脑汁去揣摩作者的创作意图，在读完一个个故事，品完一首首宋词后，我们心中都会有自己独一无二的词人及其作品。宋词应该这样读、这样品吧。

杨　雨

目录

第一讲

粗服乱头，赤子情深——李煜

粗服乱头，赤子情深

——李煜

李煜^①（937—978），南唐后主，字重光，原名李从嘉，号钟隐、钟峰白莲居士、莲峰居士等，徐州（今江苏徐州）人，生于南唐先主李昪（biàn）升元元年（937）七月初七^②，961年立为太子，留金陵监国，卒于北宋太宗太平兴国三年（978）七月初七。存词30余首，与其父李璟汇刻为《南唐二主词》。

史书记载李煜"丰额骈齿，一目重瞳子"——宽额头、龅牙齿，还有一只眼睛双瞳孔（按照现代医学的研究，这其

---

① 尽管李煜生于南唐，但南唐亡国后入宋，并且在北宋词史上留下浓墨重彩的一笔，因此本书将李煜置于宋代词人序列中。

② 参见：夏承焘《唐宋词人年谱》，第92页，上海古籍出版社1979年版。

实是瞳孔粘连畸变）。尽管这个长相似乎和我们想象中的多情才子、翩翩公子有些不一样，但"骈齿重瞳"在古代却被视为圣人之相，史书中也只有仓颉、虞舜、项羽、吕光、鱼俱罗、李煜等几人天生"重瞳"异相。仓颉是黄帝时期的左史官，传说为造字圣人；虞舜是传说中的上古五帝之一；项羽是著名的西楚霸王；吕光是东晋十六国时期后凉的开国之君；鱼俱罗则是隋朝名将。另外，据说帝喾高辛氏、周武王、孔子也是"骈齿"。李煜与他们共同的相貌特征，似乎冥冥中早已注定了他终将不凡的一生。

　　李煜是南唐中主李璟的第六子，按照古代帝位的传承顺序，他本无缘帝位，但因他生而具有圣人之相，其长兄李弘冀"恶其有奇表"，将他视为皇位竞争的对手。为了让兄长放心，李煜一直表现出对政治的疏远与冷漠，一头扎进学术和艺术之中。史载他"性骄侈，好声色，又喜浮图，为高谈，不恤政事"，也就是说他沉溺于皇族奢华的生活，爱好声色之娱，喜谈佛法，就是对国事漠不关心。在这种韬光养晦的生活中，他"独以典籍自娱"，一方面避开了皇权斗争可能招致的杀身之祸，另一方面他也有足够的时间和精力涉猎百家，在这期间他对许多艺术都显示出过人的天赋，诗词、绘画、书法、音乐无一不通。他是个书法家，他的书法如行云流水却又风骨铮铮；他是个画家，他的画是收藏家视若珍宝的"希世之物"；他是个音乐家，洞晓音律，填词作曲皆成天籁；他是个藏书家，十多万卷图书、数不清的书画古玩颐养出他高贵优雅的气质……此时的李煜，不问政治，甚至一心向往隐逸，这从他的号中可见一斑。

周世宗显德六年（959）八月，中主李璟立长子李弘冀为太子，可惜这位新立的东宫之主一个月以后就离开了人世，李煜的其他几位哥哥也相继夭折，于是，二十三岁的李煜"自郑王迁吴王，以尚书令知政事居东宫"，宋太祖建隆二年（961）二月，李璟迁都洪都（今江西南昌），立李煜为太子，留金陵（今江苏南京）监国。六月，李璟卒于洪都，七月二十九日，二十五岁的李煜在金陵继南唐国主位。

就这样，从来不想当国君的李煜被强悍的命运推到了那张龙椅上。

就这样，一个从小就梦想当艺术家的人，阴差阳错被命运安排成了一国之君。

那时的南唐，在越来越强大的大宋王朝的逼视下，蜷缩在江南一隅，战战兢兢，而作为南唐新任国主的李煜，从他登基的第一天开始就不得不小心翼翼地向大宋表示臣服。

刚登上王位的李煜，做的第一件重要的事就是给大宋皇帝赵匡胤写"保证书"，这就是《即位上宋太祖表》。在"保证书"里，他说：我一定坚守做臣子的本分，好好地孝顺、侍奉"天朝"，如果我违背了自己的诺言，那我是要遭天谴的！他不但写了这封言辞恳切、低声下气的"保证书"，还随信给赵匡胤进贡了大批的金银和绸缎。从此以后，他更是每年要向宋朝进贡大批金银珍宝，宋朝每次出兵讨伐其他地区，他都会主动派使者去犒劳宋军。他这么低眉顺眼地看赵匡胤的脸色行事，目的无非只有一个：换一个太平的日子。

看李煜这么"孝顺"，赵匡胤一时也就懒得去找他的茬儿，腾出空来先去处理其他的麻烦：先是平荆南，又灭后蜀、伐南汉……宋军的每次胜利，李煜都无一例外地要派人到宋朝廷去朝贡送贺礼，甚至在971年宋灭南汉以后，他还上表请削去"唐"的国号，从此改为江南国，自己则称江南国主。

趁着赵匡胤在"处理"其他小国之时，李煜偷得了数年的太平岁月。本来就"好声色"的李煜，在短暂的太平中，疏于朝政，与爱妻（先后为原配大周后娥皇与续娶的小周后，小周后为大周后妹妹）和宫娥们醉舞欢歌，沉浸在浪漫风流的宫廷艺术生活之中。

李煜曾写过一首《玉楼春》词，描绘的就是这一时期的生活常态：

晚妆初了明肌雪，春殿嫔娥鱼贯列。笙箫吹断水云间，重按霓裳歌遍彻。　临风谁更飘香屑，醉拍栏杆情味切。归时休照烛花红，待放马蹄清夜月。

这是一个春日的夜晚，肌肤洁白、明亮如雪的宫女浓妆艳抹，像游鱼一般摇曳生姿地进入装饰华美的宫殿。当美妙的音乐响起，宫人们翩翩起舞，一遍一遍地演奏着大周后改编整理的《霓裳羽衣曲》，乐声飘扬在云水之间，舞姿荡漾在后主的春思之中，宫里一片歌舞升平的气氛。宴会直到深夜才结束，和风轻轻吹送着浓郁的芳香，后主还沉醉在刚才的氛围之中，"醉拍栏杆"，仿佛还在应和着音乐的节拍，他甚至特意嘱咐宫人不要点燃灯烛，就让清脆的马蹄声在清澈如水的夜色中悠闲归去。可见此时宫廷生活的风流豪宕，极具富贵高雅之气。

后主乾德二年（964）十一月二日，大周后去世，年仅二十九岁。大周后去世之时，史载"后主哀苦骨立，杖而后起"。李煜沉浸在哀伤之中，到第二年正月大周后入葬陵寝的时候，他已经消瘦憔悴到皮包骨头，要撑着拐杖才能勉强站起来。他用大周后生前最爱的金屑檀槽琵琶陪葬，还亲自为大周后撰写了《昭惠周后诔》，"其辞数千言"，不仅文辞凄切，催人泪下，而且李煜还自称"鳏夫煜"，酸楚之情令人动容。

家事堪哀的同时，国事亦日趋严峻。就在大周后去世的第二年，也就是公元965年，宋灭蜀。971年，宋灭南汉。李煜去唐号，称江南国主。972年，李煜更是"衣紫袍见宋使"，实际上是向宋称臣。此时，李煜的七弟李从善被扣留在汴京（今河南开封）作为人质。974年，李煜亲笔手书，请求宋放从善回国，但没有得到宋太祖赵匡胤的同意，并且宋师水陆并进，很快就兵临金陵城下。

北宋开宝八年（975）十一月二十七日，三十九岁的李煜赤裸着上身，面容悲戚，缓缓走出金陵城。

十一月的南京，已经是寒风凛冽，李煜裸露的肩膀在冬天的风雨裹挟下瑟瑟发抖。在他的身后，还跟着四十多个和他一样神情悲惨的随从。

就在他的对面，却是一幅完全相反的景象：对面雄赳赳气昂昂排列着的是大宋王朝的军队，阵营整齐，军旗高扬，威武雄壮。领头的统帅曹彬，骑在高头大马上，更是充满了胜利者的自豪和得意，他犀利的目光，审视着对面缓缓走来的这位美男子，他曾经的敌人，也是现在的手下败"将"——南唐后主李煜。

公元 975 年十一月二十七日，这是李煜一生都不会忘记的日子，也是他这一生最为耻辱的日子。

就在这一天，作为南唐国君的他，将自己和自己的国家全部拱手献给了所向披靡的大宋王朝。这一天，正是他率领亲属和随从官员"肉袒"出降的日子；这一天，意味着他从神圣的一国之君，从此沦落为亡国囚徒；这一天，也意味着他的称号从"南唐国主"即将变成大宋王朝的"违命侯"；意味着中国的版图上，从此少了一个国号为"唐"（史称"南唐"）的国家……

从阴差阳错登上王位开始，李煜在国君的位置上已经坐了整整十五年，可他依然像一个还没有长大的孩子，对风云变幻的国际形势，对错综复杂的国内形势，对身边形形色色、各怀心机的人几乎都没有清醒的认识，他可能做梦都没有想过会有这样一天的到来。他丢失一个国家，就仿佛一个手无缚鸡之力的孩子被一个强悍而工于心计的大人抢去了一件心爱而珍贵的玩具，他只能心痛得号啕大哭，任人横刀夺爱却毫无还手之力。

好在，这是一个富有的"孩子"。他丢失了一个珍贵的"玩具"，但他还有其他更加心爱的"玩具"，这也许就是我们常说的"失之东隅，收之桑榆"吧。这件他还没有丢失，也永远不会丢失的"玩具"就是——词。

前人曾经这么评价李煜："后主疏于治国，在词中犹不失南面王，觉张郎中、宋尚书，直衙官耳。"（沈雄《古今词话》卷上引沈去矜语）后主虽然不是个好的君王，但是在词的帝国里，他可以当之无愧地君临天下。即便是像北宋张先、宋祁这样的著名词人，在李煜的面前，也只能俯首称臣，甘拜下风。

清代词学家沈谦也曾说："男中李后主，女中李易安，极是当行本色。"（《填词杂说》）这就是说，在所有著名词人中，最符合填词的规范，最具备词之本色韵味的，男性词人当属李煜，女性词人当属李清照。词中"二李"，傲视

群雄。连李煜的敌人赵匡胤也不得不感叹："李煜若以作词工夫治国家，岂为吾所俘也。"（《历代词话》卷四）

李煜之所以能够在词的帝国中称王，最主要的原因之一，还是他的天真。这种天真是怎样体现在他的词里面的呢？我们还是从他的文字里来寻找答案吧。

就在李煜亡国之后不久，他写下了这样一首经典作品《破阵子》：

> 四十年来家国，三千里地山河。凤阁龙楼连霄汉，玉树琼枝作烟萝，几曾识干戈？　　一旦归为臣虏，沈腰潘鬓销磨。最是仓皇辞庙日，教坊犹奏别离歌，垂泪对宫娥。

公元975年，也就是南唐亡国的这一年，离李煜的祖父李昪建立国家的公元937年，正好39年。词中首句的"四十年"是四舍五入取整数。

更巧的是，李煜这一年也正好是三十九岁，也就是说，南唐国家诞生的那一年，也正好是李煜诞生的那一年；到975年南唐举国投降，他的一生，正好经历了国家从建立到灭亡的全部过程。"四十年来家国"，起句就充满了悲壮的情怀。

"三千里地山河。""三千里"这个数字猛看上去有些吓人。南唐国最盛的时候疆域大概包括今天江西全省，还有安徽、江苏、福建、湖北、湖南等省的一部分，下辖 35 个州。顺带说一下，公元 951 年，气势汹汹的南唐军队，还曾踏上今天的湖南长沙，消灭了当时在长沙主政的"马楚"王朝。今天长沙的开福寺，其实就是当年马楚朝廷的"后花园"，是楚王马殷父子挥金如土修盖的宴饮场所的一部分。文人聚饮，诗词歌赋，曾经说不尽的富贵浪漫，都在南唐军队的铁蹄下灰飞烟灭。

只可惜并不善于治国治军的李璟，就在灭楚的第二年，又失去了这块土地。

从先主李昪以后，李煜的父亲、中主李璟和后主李煜都不是治国的高手，不断地丧失国土，也不断地丧失尊严。公元 958 年，受到后周的威胁，李璟主动上表削去帝号，去年号，奉后周为正朔，从此李璟不再是一国的皇帝，而称"国主"。

公元 960 年，赵匡胤发动陈桥兵变，黄袍加身，建立大宋王朝。就从这一年开始，李璟派遣使臣到宋朝廷朝贡，从此以后，年年朝贡以表臣服。南唐国就是以这样卑微的姿态交到李煜手里的，事实上这时候的南唐国土已经只剩下江南的半壁江山。因此，"三千里地"实在是个大打折扣的数字。

我们只要稍微比较一下就知道这个数字的渺小了：在南唐之前，真正的大唐王朝疆域最广的时候有 1200 多万平方公里；在它之后的北宋王朝，疆域最广的时候达 300 万平方公里。而唐朝治国时间近三百年，宋朝虽然经历了南渡之耻，但前后算起来统治时间也长达三百多年。南唐在五代十国里也算是个大国，但跟一前一后唐宋两大王朝比起来，李煜所统治的南唐，无论是时间上的"四十年"，还是空间上的"三千里"，都是如此的渺小。

因此，"四十年来家国，三千里地山河"这两句听上去是挺豪迈的，但是再一回味，就会发现豪迈只是打肿脸充胖子的伪装，本质上却是一种虚弱和懦弱的卑微。在李煜为四十年和三千里地的江山感到无限荣光的时候，我们却更悲哀地看到了这种荣光背后的渺小和卑微：他拥有的这一点江山不过是虎视眈眈的大宋王朝嘴边的一块肥肉而已。这是他天真的表现之一。

李煜天真的表现之二，是他明明在四面楚歌的环境中却偏偏生活得"无忧无虑"。当然这种无忧无虑是相对的。作为一国之君，哪怕只是一个偏安一隅的小国，李煜也还是有过无忧无虑的时代的，那时候，他还没有预料到国家的未来。不过他的无忧无虑并不是因为国泰民安，而是因为天真，他以为自己可以享受到国泰民安的生活，虽然现实远比他以为的要残酷、复杂得多。这种"无忧无虑"的心情，也是缘于他天真的秉性。我们从接下来的这两句词就可以看到他这种自以为是的无忧无虑了。

"凤阁龙楼连霄汉，玉树琼枝作烟萝。"这两句看上去排场也很大。当李煜还是国君的时候，他的皇宫盘龙栖凤，雕梁画栋，高耸云霄，气势巍峨；他的御花园里布满了各种各样的奇花异草，远远望过去云遮雾绕，仿佛是人间仙境。如果没有战争，那江南之地物产丰饶，经济富庶，风景秀美，一国之君当然可以享尽人间荣华富贵，风流浪漫。尽管他的邻居大宋王朝对这块富庶之地早已垂涎三尺，但是毫无心机的李煜居然天真地以为：自己不过是个孩子，大宋王朝就像自己的父亲一样，哪有父亲会不保护、照顾自己的孩子，让他无忧无虑地生活呢？他这么低眉顺眼地看赵匡胤的脸色行事，目的无非只有一个：换一个太平的日子，保住他"凤阁龙楼连霄汉，玉树琼枝作烟萝"的奢侈生活。

李煜对赵匡胤，用一种低到尘埃里的姿态来力图保全自己的地位，这种姿态倒也确实换来了十多年的表面太平。所以他说"几曾识干戈"，"干戈"本来是武器，这里代指战争。他这一路走来，虽然战战兢兢，可毕竟保住了自己夜夜笙歌的太平生活。无忧无虑的他哪里见识过战争的残酷呢？

然而，李煜委曲求全的姿态，并没能保住他的太平和他的国家。

公元974年，赵匡胤在都城东京（今河南开封）修建了华丽的府邸，三番五次"盛情邀请"李煜北上，去做这座豪宅的新主人。李煜再傻再天真，也不可能不知道，他如果去了东京，就意味着举国投降，将"四十年来家国，三千里地山河"全都拱手献给赵匡胤了，这亡国奴可不能做！他想来想去，"应邀"北上肯定不行，正面对抗更不行，于是他只好装病，说自己病体缠绵，实在经受不了长途跋涉，乞求赵匡胤的宽恕。

事实上，无论李煜用什么方式企图拖延时间，都阻挡不了赵匡胤统一天下的勃勃雄心。既然三番五次"请"不来李煜，那就只好诉诸武力了。974 年闰十月，北宋大将曹彬奉命率兵向南唐发动了进攻。柔弱的李煜，柔弱的南唐，怎么抵挡得住大宋军队的所向披靡！

一切，就在 975 年的十一月结束了。

就在宋军兴兵伐唐的时候，束手无策的李煜又做了两件极其天真的事。

第一件，他派南唐国的大才子，第一号"辩手"徐铉赶往宋朝廷去找赵匡胤求情。徐铉对赵匡胤说："李煜以小国侍奉大国，就像儿子侍奉父亲一样，从来没有过任何过失，只不过是陛下您要见他，他正好生病没有及时奉诏。我想，父母疼爱子女应该是无微不至的，难道李煜仅仅因为生病没来跟您请安，您就要消灭他吗？请陛下可怜我们，把军队撤回来吧！"

这一番乞怜的话听起来好像是合情合理，可宋太祖不是那么天真的人，他听了徐铉的话，哈哈大笑，说："你的主子既然把我当父亲看待，我也把他当儿子对待。可父子一家亲，我几次邀请他住到我们东京来他不肯，哪有父子像我们这样南北对峙、分作两家的道理啊？"

这番辩论的结果不说我们也猜得到了。正像赵匡胤后来说的那样：李煜没有罪，江南也没有罪，可是天下只能有一家，卧榻之侧岂容他人鼾睡？这么简单的道理，李煜也许是真不懂，也许是不想懂。

第二件，宋军包围金陵，兵临城下的生死关头，李煜既没有退兵之策，也不知道自己是该投降还是该自杀殉国，火烧眉毛急了，他居然去求助于佛门弟子，希望佛祖保佑宋军退兵，如果佛祖显灵，他愿意在国境内大兴佛教。这番祈祷的结果，不说我们也能猜到了——金陵城陷，李煜肉袒出降。

大家看，李煜是不是很傻很天真呢？

李煜天真的表现之三，是他在亡国之后不知检点的言行，继续将他陷入了绝境。

"一旦归为臣虏，沈腰潘鬓销磨。"《破阵子》词转入了下片，而李煜的人生也进入了后半期。这个时候的他，已经不再是无忧无虑的一国之君，而是一个成天以泪洗面的亡国奴。宋太祖给了他一个屈辱的封号——违命侯，意思就是说李煜是一个不听话的人。"侯"爵位本来就不高，比王、公要低一个档次，"不听话的侯"就更具有讽刺意味了。这以后的日子，比"违命侯"这样的封号还要屈辱。李煜做亡国奴的生活情况，可以概括为两个方面：第一是穷，第二是苦。

穷，是生活的穷困；苦，是心情的悲苦。

先来看他的穷困。赵匡胤对李煜还算优待，可赵匡胤死后，继位的赵光义，也就是后来的宋太宗可不像哥哥宋太祖那么宽宏大量了。李煜在宋都城东京，是投降的几个小国国君中最穷的一个，他穷到只能忍辱含羞，上书请求赵光义给他增加一点儿生活补助。

穷还是可以忍受的，尽管李煜从前在南唐的时候大手大脚惯了，但毕竟今非昔比，更让他难以忍受的还是心情的悲苦。亡国之痛本来就已经是一种撕心裂肺的剧痛，而入宋以后，又增添了几层痛苦：

第一层，他在南唐的故人，像他曾经最信任的大臣徐铉等人都纷纷疏远了他，孤独成了他基本的生活状态。这倒不能怪这些大臣，因为现在大家都变成了大宋王朝的臣子，自己都是泥菩萨过河自身难保，谁还敢表现出对旧主人的热乎劲儿呢？那不是自寻死路吗？比如说李煜曾经最为倚重的南唐大臣徐铉，投降之后被任命为左散骑常侍，迁给事中。有一天宋太宗赵光义故意问徐铉："最近你去看过李煜吗？"

徐铉吓了一跳，赶紧回禀："没有陛下的旨意，臣怎么敢私自去见他呢！"

赵光义笑笑说："没事儿，你尽管去见他，就说是我同意了的。"

于是徐铉来到李煜府上，在门口下马，对看门的老兵说：

"我想拜见太尉。"

老兵头一摇:"陛下有旨,任何人不得与他相见。"徐铉赶紧解释:"你放心,我正是奉圣旨来的。"

老兵这才慢腾腾进去通报。徐铉在庭中站了许久,老兵搬来一把旧椅子请他坐,徐铉说:"不必了,只要在正面摆一把椅子就够了。"过了许久,李煜才穿戴着道服纱帽走了出来。徐铉鼻子一酸,赶紧准备下拜,李煜快步上前扶住他,对他说:"今天你我是什么关系,何必还行此大礼?"

昔日君臣对坐良久,居然都找不出一句可以说的话。又过了很久,李煜才长叹了一声说:"悔不该当时错杀了潘佑、李平。"潘佑、李平都是李煜在南唐时的旧臣,李煜这声长叹流露出强烈的思念故国、对当初错误决定的痛悔之情。徐铉不敢轻易接话——作为亡国君臣,动辄有性命之忧,怎么还敢随便怀念过去,表达对新朝的不满呢!

果然,这次拜见之后,宋太宗立即召徐铉去问话,问他李煜都说过些什么,徐铉不敢隐瞒,只好一五一十地交代。李煜的痛悔之情让宋太宗心生忌惮,也就此埋下了祸根。

第二层,不但故人疏离,连他最钟爱的妻子、绝色美女小周后也被宋太宗横刀夺爱。小周后经常被赵光义叫到宫中去,一留就是好几天。连自己的女人都没有能力保护的李煜,仍然只能忍气吞声,不敢公开表现出一点儿不满,更不用说反抗了。用他自己的话来说,在东京的日子,是"此中日夕,只以眼泪洗面"（王士祯《花草蒙拾》引）。

　　柔弱的李煜，在遭遇重创之时尤其显出他的无助与无奈。为了丈夫，一贯娇气的小周后不得不坚强起来。因为在李煜的身边，如今只剩下她一人还能和他朝夕相伴，她必须从一个无忧无虑、高贵优雅的王后转变成为一个坚忍顽强的女人。只有她，还能成为李煜生活中唯一的依靠，甚至李煜此时的性命安危，也系在小周后身上——宋太宗是一个疑忌心极强的人，她不得不牺牲自己的身体以求换来丈夫的平安。

　　无论是以前"无忧无虑"的国君生活，还是现在以泪洗面的亡国奴生活，我们看到的都是李煜秉性中的天真：天真得不谙世事，又天真得毫无主见。在穷困和悲苦中饱受煎熬的李煜，不可抗拒地日渐消瘦下去。做俘虏的日子实在不好过，因此他才说自己是"沈腰潘鬓销磨"。

　　这里有两个典故。沈腰，出自《梁书·沈约传》，沈约在写给徐勉的信中称自己老病："百日数旬，革带常应移孔，以手握臂，率计月小半分。"意思是自己最近瘦得很厉害，每隔几个月，皮带上的孔就要往里移一格，用手握一下手臂呢，每隔个把月就要小半分。后人就以"沈腰"指腰肢消瘦。而"消瘦"的潜台词往往就是伤心、憔悴。

　　"潘"是另外一位美男子，也就是我们常说的"貌似潘安"的那个潘岳（字安仁）。潘鬓指的是潘岳的鬓发，他的《秋兴赋》有："斑鬓发以承弁（帽子）兮。"潘鬓是鬓发斑白的代称。

李煜连用"沈腰"和"潘鬓"两个典故，强烈地表达了自己当俘虏以后精神和肉体经受的双重摧残。

在痛苦中挣扎的李煜，此时不由得回想起他永生都不会忘记的那一天——975年十一月二十七日："最是仓皇辞庙日，教坊犹奏别离歌。"

"庙"即太庙，是供奉历代祖宗灵位的地方。"仓皇"既是指他当时的行动仓促草率，也是指心情惶恐不安。一个即将投降的亡国之君，当他匆匆忙忙、满腹羞愧地去拜辞列祖列宗的时候，教坊偏偏还奏起了别离的哀乐。

教坊，是宫廷里的音乐机构，这个机构唐朝就有了，最兴盛的时候当属唐玄宗时期。教坊的主要职能是培养最优秀的宫廷音乐家。李煜的音乐才华丝毫不逊色于唐玄宗，更巧的是，当年经唐玄宗和杨贵妃亲手改编的大型乐舞《霓裳羽衣曲》，在失传了两百多年后，又在李煜和他的第一任妻子大周后娥皇手里基本恢复了原貌。

作为优秀的音乐家，教坊曾经是李煜特别亲近的地方，教坊的音乐也是他一度最喜爱的。但是，在仓皇的李煜听来，教坊此刻奏起的别离哀乐无疑让他的心情雪上加霜。在听到音乐的那一刻，他强忍住的泪水终于像决堤的洪水一样倾泻而下。

"垂泪对宫娥。"我们原本可能会以为，在这首悲壮的词里，一定会有一个同样悲壮的结尾。但是本质上李煜并不是一个悲壮的人，他只是一个哀怨的人。所以亡国之时，在听到亡国之音的时候，他的痛哭，他的眼泪，对准的居然是这样一个特殊的群体：宫女。

这些宫女，曾经陪着他一起无忧无虑、通宵达旦地歌舞狂欢，曾经陪着他一起度过了一生中最为风光浪漫的日子。这些宫女代表了昔日的繁华，但现在，她们的存在只是提醒了他作为亡国之君的彻底失败。在那个时代，女人，尤其是作为奴婢的女人，本来就是柔弱的；而对着柔弱的女人流泪的男人，内心比女人还要柔弱。

此刻的李煜，就是这样一个柔弱的男人，或者说，是一个还没有长大的男人。

"垂泪对宫娥。"这样的结尾，不悲壮，但悲怆。

作为国君，李煜是一个彻底的失败者；但在词的王国里，他收获了更多的荣耀。古人说，国家不幸诗家幸。作为每一个个体的人，我们谁都不愿意悲剧发生在自己身上；可是作为文学史，正因为这些悲剧，我们才收获了更多不朽的经典。就如陈衍曾感叹陆游时说："无此绝等伤心之事，亦无此等伤心之诗。就百年论，谁愿有此事？就千秋论，不可无此诗。"这段话移过来感叹李煜的人生和创作，其实也是很合适的。

作为词中之王，用多少赞美的话来评价他的词都不过分，而我个人认为，他的词最打动人的地方，也还是他的天真——天然和真诚。用王国维的话来说，他就是一个拥有"赤子之心"的人。

所谓"赤子"，本来是指初生的婴儿。婴儿没有染上世俗的尘埃，是最干净最自然也是最美丽的。没经历过世事的孩子，固然很傻很天真，可是也正如王国维所说："客观之诗人，不可不多阅世。阅世愈深，则材料愈丰富，愈变化，《水浒传》《红楼梦》之作者是也。主观之诗人，不必多阅世。阅世愈浅，则性情愈真，李后主是也。"（《人间词话》）李煜就是那个阅世愈浅，而性情愈真的天真词人。

具有真性情的人，在创作文艺作品的时候往往也是率性而为、不加雕饰的。清代词学家周济在对比温庭筠、韦庄和李煜这三位晚唐五代词人时曾说过这么一段话："李后主词，如生马驹，不受控捉。毛嫱、西施，天下美妇人也：严妆佳，淡妆亦佳，粗服乱头，不掩国色。飞卿（温庭筠字），严妆也。端己（韦庄字），淡妆也。后主，则粗服乱头矣。"（《介存斋论词杂著》）

周济的意思是说，像毛嫱、西施这样的绝代佳人，化浓妆很美，化淡妆也好看，就算是粗布衣服蓬头散发，也掩盖不了她们的天生丽质。温庭筠的词是浓妆艳抹的美女，韦庄的词是淡扫蛾眉的美女，李煜的词，就是粗布衣服蓬头散发的美女了。

"粗服乱头"就是形容李煜的词毫不打扮，纯任自然。

天生丽质的美人不需要那些繁琐的妆饰，就像李白所说的"清水出芙蓉，天然去雕饰"。这首《破阵子》就具备了这种"粗服乱头"的美丽。

比方说，这首词的起首两句"四十年来家国，三千里地山河"，就散发出这种自然朴素之美。我们都知道，词是一种抒情的文体，而在所有的语言文字中，似乎最缺少感情的就是"数字"。很少会有词人敢在词的一开头就用数字来引起下文，因为没有感情的数字很容易冲淡词的抒情色彩，而且数字的运用相对也比较难以合律。

但李煜就没有这么多的忌讳。谁说不能用数字开头呢？谁说数字就"无情无义"呢？谁说数字难以合律呢？我就偏用数字开头，并且还连用两个数字：四十、三千。

古往今来，有这种胆量的词人很少。在李煜之前，韦庄用过，比如他写的"四月十七，正是去年今日"（《女冠子》）就是用日期开头的。长篇叙事诗用数字开头，来表明时间、地域等倒是不少见，可是在抒情小令（篇幅短小的词，通常五十八字以内的词为小令）里面这么做的，确实寥寥无几。

能够在短短的一首小词里面把几个数字用活，这需要高超的技巧，也需要非凡的胆量。但李煜似乎没有刻意地用什么技巧，当然胆子确实很大，这倒印证了周济评价李煜的话："李后主词，如生马驹，不受控捉。"他的词就像初生的小马驹，还没被人驯服，胆有多大，力就有多大。因此，他冲口而出的"四十年来家国，三千里地山河"，就好像没有经过任何深思熟虑、反复推敲，但是这两个数字不仅合律，还偏偏极其准确地概括了他身为一国之君的一生，又强烈表达了他痛失国家的悲怆之情。

最"无情"的数字，偏偏造就了最震撼人的力量。

仅仅从这两句，我们就可以看出来，李煜是最天真的词人，也是最天才的词人。

因为，如果不是最天真的词人，断不敢连用两个数字来引领全词；如果不是最天才的词人，也断不肯连用两个数字来引领全词。兼具天真和天才两层素质的词人，我不敢说李煜是唯一的，但绝对是罕见的。前人就曾这么评价过："后主、易安直是词中之妖，恨二李不相遇。"（卓人月《古今词统》卷四徐士俊语）

我想，这个"词中之妖"和我说的"天才词人"的意思是相近的，都是说像李煜、李清照这样的词人，简直不是"人"，是"超人"！

起句是如此"粗服乱头"，结句也一样。

"垂泪对宫娥"这句结尾貌似不是什么神来之笔，只是描写一个脆弱的亡国之君，对着他从前的宫女们默默垂泪。可是，如果李煜是一个心思成熟、复杂的人，他应该想到，作为国君，有些事你可以去想，甚至也可以做，但是你不能去写。以他的身份，一旦写成了白纸黑字，传开去了，那就很可能万劫不复，将自己推向深渊。

李煜没想到的，后来的苏轼帮他想到了。苏轼评价这首《破阵子》时说过这么一段话："'四十年来家国，三千里地山河……'后主既为樊若水所卖，举国与人，故当恸哭于九庙之外，谢其民而后行，顾乃挥泪宫娥，听教坊离曲。"（苏轼《东坡志林》卷七）

樊若水这个人以前在南唐考进士落第，一直郁郁不得志，一气之下就跑到赵匡胤那里献计献策，帮助宋军攻打南唐。因此，苏东坡很是讽刺李煜的软弱和天真，他说：你被人出卖了，国家都被灭了，当然上愧对先王祖宗，下愧对黎民百姓。亡国的时刻，你应该在太庙之外痛哭，向列祖列宗忏悔，向黎民百姓请罪，怎么却对着宫女流泪，还有心思听着教坊离别的曲子呢？

在苏轼的眼里，李煜的所作所为，实在不像一个一国之君，他在国家危难、百姓遭殃的时候表现得如此懦弱和幼稚，如此沉浸在音乐、美女中不能自拔……

苏轼说得对，作为一国之君，哪怕你的内心已经虚弱到了极点，但在你的列祖列宗、黎民百姓面前，也应该保持一个国君的样子，挺直你的脊梁，怀着一颗忏悔的心承担起自己的罪责。

可我觉得，李煜也是对的。他对，就对在他的真实。他是这么想的，是这么做的，所以，他就这么说，这么写了。

这是他在那一刻最真实的行动和最真实的感情，他就毫不掩饰地写出来了。至于别人怎么看怎么评价，那已经不是他的事了。更何况，他的臣民出卖了他，他想要依靠的亲人远离了他，在他身边最亲近的，就是这些和他一样毫无心机的宫女。她们过去和他一起风光，现在和他一起痛哭。垂泪告别宫娥，就是在告别他的过去、他的宫殿、他的国家。

正如王国维《人间词话》所说："词人者，不失其赤子之心者也。故生于深宫之中，长于妇人之手，是后主为人君所短处，亦即为词人所长处。"李煜赤子般的天真，女性般的柔弱，是他作为一国之君的致命弱点，却也是他作为词中帝王的绝对优势。

很显然，李煜没有苏轼想得那么深那么远。他本来就不应该是一个国君，他天生就应该是一个词人。

即便是做了亡国奴，李煜也还是没改天真词人的禀赋。入宋之后李煜还曾写过一首著名的《乌夜啼》词（又名《相见欢》）：

林花谢了春红，太匆匆。无奈朝来寒雨晚来风。
胭脂泪，相留醉，几时重。自是人生长恨水长东。

这首词可以说是李煜成为亡国奴之后心情的真实写照：命运的变幻就仿佛是朝来雨打，晚来风吹，在风风雨雨不断的摧残折磨中，林花褪尽残红，终于无可奈何地凋零了。

上片看似惜花惜春，又何尝不是词人对残酷命运的哀叹？下片"胭脂泪"既是承接上片林花的颜色而来，又令人联想到女子搽过胭脂的脸颊让泪水染成了鲜红色。"相留醉"，则是花与人的同病相怜让人心神悲戚至如醉如痴的地步。"几时重"既是词人追问凋谢的"林花"何时能够再开放，实际上也是词人给自己一个否定的回答：花儿再开遥遥无期。因此结句紧接着以"自是人生长恨水长东"，说明林花谢了不能再开，时光也如大江东流，载着满满的悔恨和愁恨一去不复返了。以水喻愁恨，也是说明愁恨如水一般深，也如同水流一般无法回头。

以水喻愁恨，在李煜词中，似乎还有更加出名的一句："问君能有几多愁，恰似一江春水向东流。"（《虞美人》）公元 978 年，也是他投降的第三年，七夕的夜晚，这一天也正是他的生日。他命人在府中唱他写的这首《虞美人》，据说这首词传到了宋太宗耳朵里，太宗大怒：你一个亡国之君，怎么还敢公然唱什么"小楼昨夜又东风，故国不堪回首月明中"？居然还敢念念不忘你的故国！于是，赵光义命人到李煜府上，赐给他一壶酒，酒里已经放了剧毒的"牵机药"，一代词人就这样陨落了。

君临天下、治理国家需要的是杀伐决断、英明果敢的魄力和举重若轻、深谋远虑的智慧，而李煜拥有的却是多情善感、天真柔弱的词人秉性。所以，我们又何必去苛求他既要有睥睨群雄、气吞山河的帝王气概，又能给我们留下如此凄怆动人的天才词句呢？

第二讲

奉旨填词，骪骳从俗——柳永

奉旨填词，佴佴从俗

——柳永

柳永（约984—约1053），原名三变，字景庄，后改名永，字耆卿，排行第七，人称"柳七"，崇安（今福建武夷山）人，仁宗景祐元年（1034）进士，释褐（始任官职）为睦州推官，官至屯田员外郎，世称"柳屯田"，著有《乐章集》，存词200余首。

关于柳永的家世、生平资料，史书上记载非常有限。柳永出生在一个官宦书香世家，他的父亲柳宜原是南唐监察御史，入宋以后累官至比部员外郎。柳三变有三兄弟，其兄三复、三接都有才名，时称"柳氏三绝"。但大概在他很小的时候父亲就去世了，因此他青少年时期的生活比较艰难。

成年以后，柳三变第一次赴京参加进士考试，但名落孙山。年轻人初次尝到失败的滋味，难免心情郁闷，于是柳三变就写了一首词《鹤冲天》，没想到这首词被皇帝看到了，皇帝很不高兴。

这首惹恼了皇帝的词是这样写的：

> 黄金榜上，偶失龙头望。明代暂遗贤，如何向。未遂风云便，争不恣狂荡。何须论得丧？才子词人，自是白衣卿相。　　烟花巷陌，依约丹青屏障。幸有意中人，堪寻访。且恁偎红翠，风流事、平生畅。青春都一饷。忍把浮名，换了浅斟低唱。

词的大意就是说，我考试落榜了，如此圣明的时代，却还让我这样的贤士才子遗落民间，虽然现在我还只是一身白衣的平民，可我具有卿相的大才，你们真是没眼光啊。不过你们看不上我没关系，幸好我还有自己的意中人，能够懂我惜我怜我，可以陪着我挥霍我的青春。既然你们不要我，那我也不要这"浮名"了，还不如陪着心爱的女子"浅斟低唱"来得快活呢。

"忍把浮名，换了浅斟低唱。"这明显是柳三变偶尔一次考试失利后说的气话、发的牢骚。可是求职有风险，发牢骚也要谨慎啊！一个默默无闻的考生发发牢骚也就罢了，可柳三变早已是远近驰名的大词人，他的词本来是连皇帝都喜欢听的啊。于是这首《鹤冲天》一点都不意外地传到了宋仁宗耳朵里。仁宗当场就不高兴了："是你自己不好好复习考不上，为什么要怪我们选拔人才没有眼光？你既然不要浮名，那就遂了你的心愿，你干脆去风前月下'浅斟低唱'好了。当官我看就算了吧。"仁宗从此之后，也不再听柳三变写的歌了。

柳三变大概也没有想到，负气之下偶然发几句牢骚居然一不小心得罪了皇帝。

这柳三变也是绝，既然已经被嫌弃了，他干脆就"破罐子破摔"，皇帝不是要我去"浅斟低唱"吗？于是从此之后他每写一首词，落款的地方都要写上"奉圣旨填词柳三变"。

在北宋的政坛上，柳永不仅得罪了皇帝，还一不小心得罪了当时赫赫有名的一代贤相晏殊。

柳永因为总是升不了官，心里很着急，好不容易找到一个机会去拜见晏殊，想通过他改变一下自己的命运。按说找晏殊是没找错人，因为晏殊当政的时候，就是以提拔人才出名的，北宋初年的一批名臣如欧阳修、范仲淹、韩琦等人都是出自晏殊门下，可以说是一个慧眼识人的伯乐。

可柳永这次去拜见晏殊，却碰了个大大的钉子。柳永当时已经是非常有名的词人了，有名到什么程度呢？有人这样说过，在北宋的时候，"凡有井水饮处即能歌柳词"（叶梦得《避暑录话》）。所谓"凡有井水饮处"，就是说只要有人烟的地方，就一定有人在唱柳永写的歌词，连西北那样偏僻的地方都有人在传唱。柳永就是那个时代最受欢迎的流行音乐制作人。

这么有名的人，晏殊当然不可能没听说过。事实上，柳永的大名对他来说早已是如雷贯耳。可是这回晏殊见到柳永之后，偏偏明知故问了一句："贤俊你也作曲子么？"

词在唐五代北宋的时候都是配合音乐演唱的歌词，所以往往也称作曲子或者曲子词。晏殊明明知道柳永是著名词人，还问他是不是作曲子，可见他是话中有话啊。

柳永是个聪明人，他听出了晏殊的言外之意，所以很小心翼翼地回答了一句："我是写词，不过我填词作曲，跟相公您填词作曲是一样的啊！"不知大家有没有听出晏殊和柳永之间这一问一答的言外之意？晏殊和柳永都是著名词人，都填词作曲。但是很显然，晏殊是看不起柳永的词的，他问柳永作不作词，本身就包含了一种贬低；柳永听出这层贬低的含义之后，立刻做了委婉的反驳：填词作曲对我和对您的意义是一样的，也就是说，我跟您一样，填词作曲只不过是一种业余爱好。就像我们现在学习工作之余去 KTV 唱唱卡拉 OK 一样，它绝对不会影响我的主业，更不会成为我的事业理想。

应该说，柳永的这个回答是相当聪明、相当得体的。

但是晏殊还是没有放过他，又反驳了一句："我虽然也填词作曲，但是我可不像你一样，写什么'彩线慵拈伴伊坐'这样的句子。"这句话可谓绵里藏针，柳永一听就明白了：这次主动来求职没戏，晏殊根本就看不起他！晏殊就好比说：我唱的是《我的太阳》这样高雅的美声歌曲，而你呢，也就只配哼哼"村里有个姑娘叫小芳"这类通俗歌曲。这讽刺也太明显了吧？于是，柳永什么也没说，就默默地退出去了。这一次求职又以失败而告终，而且此后，柳永在官场上就再也没有获得过大的升迁了。[1]

晏殊有没有这么当面讽刺过柳永，我并不敢肯定。但这个故事确实代表了一般精英层面的士大夫对柳永词的评价。那么，晏殊提到的"彩线慵拈伴伊坐"到底是一句什么样的词呢？它为什么会引起晏殊这么强烈的反感呢？它又为什么会成为柳永仕途升迁的重要阻碍呢？我们现在就来看看这句词的出处——柳永的名篇《定风波》：

自春来、惨绿愁红，芳心是事可可。日上花梢，莺穿柳带，犹压香衾卧。暖酥消，腻云亸（duǒ），终日厌厌倦梳裹。无那，恨薄情一去，音书无个。　　早知恁么，悔当初，不把雕鞍锁。向鸡窗，只与蛮笺象管，拘束教吟课。镇相随，莫抛躲，针线闲拈伴伊坐。和我，

---

[1] 张舜民《画墁录》："柳三变既以词忤仁庙，吏部不放改官，三变不能堪，诣政府。晏公曰：'贤俊作曲子么？'三变曰：'只如相公亦作曲子。'公曰：'殊虽作曲子，不曾道：彩线慵拈伴伊坐。'柳遂退。"

免使年少光阴虚过。

如果只能用一个字来概括这首词的特点，那我想最恰当的字就是——俗，而这个字也正是晏殊批评柳永的落脚点。尽管晏殊没说出这个字来，但他的言外之意处处针对的都是柳永的"俗"。在词史上，我觉得以晏殊为代表的雅，和以柳永为代表的俗，可以大致类比于小说中《红楼梦》和《金瓶梅》的差别。那么，这首词到底俗在哪里呢？

首先，这首词俗在立意上。

词的意思用一句话就可以说清楚：一位独守空闺的女子埋怨薄情郎一去之后杳无音讯。而且整首词都是用这位女性的口吻来写的，也就是我们所说的"代言体"。"男子而作闺音"是词的一大特色，柳永用这种手法本来也无可非议，但高雅的"代言体"应该是模仿屈原以来的以男女比君臣，也就是强调女性对男性的忠贞，来象征臣子对君王的忠诚。而柳永这首词显然没有这么高雅的象征意义。

在词里，男主人公并没有出场，他去了哪里我们不知道。但以常理推测，好男儿志在四方，他多半是为了功名奔波去了。古代男人的游历大致都是为了游学或者游宦。往小里说，是为了功名前途；往大里说，则是为了国家大事。按照正常的价值观，对因为游学或游宦导致的分离，留守的女主人公一般都是应该表现得深明大义的，应该是理解加支持的。可这首词的女主人公却除了怨还是怨，丝毫不把男人的功名前途放在心上，只关心这个男人是不是成天陪伴着自己，成天卿卿我我男欢女爱。这样看来，这首词首先在立意上就已经落了下风。

其次，这首词还俗在表现手法上。词是以抒情为主要表现手法的，但抒情应以含蓄为佳。从晚唐五代的《花间集》，到南唐二主以及冯延巳，再到北宋初年的晏殊、欧阳修等文人的词，都是以篇幅短小的小令居多，在短短几十个字中蕴含深刻的寄托，使人产生深远的联想。可以说，在柳永之前或与之差不多同时，文人词的主流就是抒情性极强的小令。可到了柳永这里，他在两大表现方式上突破了这个主流：

第一，他大力发展了长调慢词，打破了小令一统天下的局面，并且从他以后，长调慢词还成了宋词的一个主要发展方向。

第二，词一贯以抒情为传统，可柳永居然用词这种文体来讲故事，这也就是我们常说的"叙事"，不但要讲故事，而且还要用"铺叙"的形式来讲。用前人的话来说，柳永的许多慢词之所以被认为很俗，也是因为他在铺叙展衍中"备足无余"，也就是将话都说尽了，没有达到含蓄的要求。如明末清初宋征璧所云："词家之旨，妙在离合，语不离则调不变宕，情不合则绪不联贯。每见柳永，句句联合，意过久许，笔犹未休，此是其病。"（沈雄《古今词话·词品》引）

词推崇的是言尽而意未尽，可柳永的词却是"意过久许，笔犹未休"，即意思早就说清楚了，他还在那里继续滔滔不绝。这个"毛病"，在他这首《定风波》里表现得就很明显。我们来看看这首词在"讲故事"的时候，柳永是怎么"意过久许，笔犹未休"的。

"自春来、惨绿愁红，芳心是事可可。"这就像一幕戏剧的开场，幕布拉开以后，展现的是一间精致的闺房。不过，观众还没来得及看清楚房间里有什么人，以及她的容貌、打扮、神态如何，就未见其人先闻其声，只听得一位女子的一声长叹，接着是一大段独白："唉，自从春天以来，你看那绿叶多么凄惨，那红花多么忧愁，我的一颗芳心啊，是这么的无聊，做什么都提不起兴趣啊。"

"可可"，就是平常的意思。"是事可可"，就是说对什么事情都不在意。

按常理分析，这位女子还没起床，她怎么知道外面的春光不是阳光灿烂、花红柳绿，而是"惨绿愁红"呢？可见，春光到底是美好的还是惨淡的，都不重要，重要的是这位女子的心情惨淡，所以，无论怎样的美景在她眼里都显得惨淡低沉了。

"日上花梢，莺穿柳带，犹压香衾卧。"接着，镜头推了一个近景，定格在女子的绣床上，躺在床上的女子又来了一大段慵懒的独白："唉，你看那太阳都升到花梢上了，黄莺的鸣叫声也穿过柳枝，一直传到我的卧室里来了，可我还是懒懒地裹在被子里，不想起床啊。"

听完了这两大段独白，镜头再推一个特写，我们才终于看清楚了这位女子的容貌："暖酥消，腻云亸，终日厌厌倦梳裹。"一种说法认为"酥"是指搽脸的油脂，大约相当于现在女性用的护肤霜之类。"暖酥消"就是说在温暖的被窝里睡了一个晚上，脸上搽的"晚霜"已经褪得差不多了。"腻云"则是指浓密的头发。"亸"，下垂散落之意。

另一种说法则认为"暖酥"是指女子柔嫩细滑的皮肤；"消"是消瘦的意思。这两句是说，这位女子容颜憔悴，头发也乱七八糟散落下来。应该说，这是一位"风韵犹存"的女子，本来应该是很丰润很漂亮的，稍微打扮一下就能容光焕发。可是因为她"终日厌厌倦梳裹"，成天懒得打扮，任由自己蓬头垢面、形容憔悴。她为什么会这么懒呢？

答案，还是由女子自己来揭晓。

她继续诉说着："无那，恨薄情一去，音书无个。""无那"，就是没有别的原因的意思。"唉，怪就怪那个薄情的汉子，居然一去就杳无音信了啊！想当初，他和我花前月下，山盟海誓，可一走就把我忘了，这么长时间竟然没有只言片语捎过来，怎能不让我心思恍惚、形容憔悴呢！"

词读到这里，我们可能已经很佩服女子喋喋不休的本领了。词的上片从"自春来"到"终日厌厌倦梳裹"，一共"铺叙"了39个字，可这39个字其实只说明了一个字——"懒"。我们看，同样是写懒，温庭筠只用了十个字："懒起画蛾眉，弄妆梳洗迟。"（《菩萨蛮》）柳永却很奢侈地花费了39个字。这是不是能够说明他"意过久许，笔犹未休"的特点呢？

再看下片。下片的故事就更精彩了。"早知恁么，悔当初，不把雕鞍锁。""恁么"，就是如此、这么的意思。女子恨恨地说："早知你是这样忘恩负义的人，我真后悔当初没把你的雕鞍锁起来。"古时候的人出行，主要的交通工具是马，雕鞍就是装饰很华丽的马鞍。当时要是把马鞍藏起来，情郎不是就走不了了吗？

当然我们都知道，这都是女子气糊涂的时候说的胡话。这人要走的话，你别说把马鞍藏起来，你就是把他的马也藏起来，他也照样能走得掉。退一万步说，留得住人，能留得住心吗？因此，从女子的这几句怨言，我们更能够察觉到女子内心的无奈——她其实是没有办法锁住男人的。

既然世界上没有后悔药可吃，那就展望未来吧。只可惜，女子眼里的未来，在正常人看来，同样是一番"胡话"。

这番"胡话"是这样说的："向鸡窗，只与蛮笺象管，拘束教吟课。镇相随，莫抛躲，针线闲拈伴伊坐。"

"鸡窗"是一个典故。据南朝刘义庆的《幽明录》记载：晋朝有个叫宋处宗的人，买到一只长鸣鸡，养在窗户底下，天长日久竟然学会了说人话，于是它天天跟宋处宗探讨学问，而且还很有见地。宋处宗的学问和口才也因此有很大的长进。① 后来人们就用"鸡窗"代指书房了。

"蛮笺象管"，彩色的纸和象牙做的笔管，这里是泛指纸笔。"镇"，是整天的意思。女子理想中未来的生活就是这样的：你啊，只管在书房里读书写字，吟诗作赋。我呢，就要成天和你寸步不离，你也不要抛下我不管，我就要一手拿着我的针线活，挨在你身边陪你坐着，从早到晚，年年月月，永不厌倦。"和我，免使年少光阴虚过"，这样的日子，才算没有虚度我们的大好青春啊！

大家看，这是不是在说胡话呢？这算什么理想呢？按正统的伦理观来看，这个理想不但很不远大，甚至还很可笑。在那个时候，围着女人转是很让人害臊的事，男人的理想应该是齐家治国平天下，可这位女子却是个拖后腿的主儿，她只想把爱人锁在自己身边，哪儿也不许去，这也太没出息了吧？

词写到这里，故事也讲完了，我们也可以看出柳永确实是一个讲故事的高手了。这首词详细交代了时间（春天的上午）、地点（女子的卧房）、人物（出场的思妇和未出场的薄情郎）以及情节（薄情郎丢下女子独自远行，而且一去不

---

① 《幽明录》："晋兖州刺史沛国宋处宗尝得一长鸣鸡，爱养甚至，恒笼著窗间。鸡遂作人语，与处宗谈论极有言智，终日不辍。处宗因此言巧大进。"（《艺文类聚·鸟部》卷九十一引）

复返，杳无音讯，留守的女子口口声声怨他恨他无情无义），最后还有人物的心理描写（这位女子虽然口头上有说不完的牢骚，可是内心却一片痴情，还在痴痴地盼望着男子归来，和她厮守一辈子）。

这个故事写得够完整、够细致了吧？不但故事有头有尾，叙事完整，连人物的性格、情绪都描写得活灵活现，就好像这个女子说话的声音、表情、内心的愤愤不平和热切盼望都历历在我们眼前一样。这种讲故事的生动程度，和温庭筠笔下那种看不出明显情绪变化的女性人物就形成了鲜明的对比。

柳永的这一特点，连清代学者刘熙载也承认："耆卿词细密而妥溜，明白而家常，善于叙事，有过前人。"（《艺概》）

和《定风波》这样"明白而家常"的讲故事相比，很多类似主题的诗词作品却主要以含蓄的抒情为主，其风格差别很是大的。除了温庭筠的词之外，我们还可以对比一下唐代诗人王昌龄的一首《闺怨》诗："闺中少妇不知愁，春日凝妆上翠楼。忽见陌头杨柳色，悔教夫婿觅封侯。"二者题材差不多，可是王昌龄的诗，仅仅 28 个字，没有过多情节的铺叙，抒情显得含蓄精练得多。

相比起来，柳永则是"铺叙展衍，备足无余"（李之仪《姑溪词跋》），几乎把话说得不留一点儿余地了。

此外，同样是思妇，王昌龄笔下的思妇也显得含蓄优雅得多：心上人远行了，留守的少妇感到很孤独，可她仍然是"凝妆"上翠楼，一丝不苟地把自己打扮得格外精致，这说明她的身份是很端庄的贵族妇女。

柳永笔下的这位女子却是任凭自己蓬头散发，而且语气任性撒娇，大胆泼辣。对比之下，就知道柳永词中的女子身份不高。而根据柳永的身世经历来看，跟他接触最为密切的就是青楼女子了。词中的女子言行举止应该是很符合青楼女子的身份的。

本来擅长抒情的词，硬是变成了柳永用来讲故事的工具，而且还讲得这么绘声绘色，连细节都不放过。讲故事和"俗"又有什么关系呢？前人评价柳永的词"骫骳从俗"，"骫"，本意是骨头弯曲，"骫骳"就是委曲的意思，也引申为作品曲意迎合读者或观众（听众），格调不高的意思。那么，柳永这么卖力地"讲故事"，又是在曲意迎合谁呢？

原来，柳永的词在当时最受普通市民的欢迎。那个时代普通市民的审美情趣是什么呢？

从内容上看，饮食男女是最贴近市民生活的话题；从语言上来看，通俗直白是最容易被市民理解的话语；从表达形式上来看，用说唱的方法讲述一个个情节生动的故事是最受市民欢迎的形式。例如唐人赵璘写的《因话录》就记载了一个俗讲僧吸引市民的故事："有文淑僧者，公为聚众谭说，假托经论，所言无非淫秽鄙亵之事。不逞之徒，转相鼓扇扶树，愚夫冶妇，乐闻其说，听者填咽寺舍，瞻礼崇奉，呼为'和尚'。教坊效其声调，以为歌曲。"

这个和尚讲故事，讲的内容无非是"淫秽鄙亵之事"，可是"愚夫冶妇，乐闻其说"，可见这些男欢女爱的故事是极受市民欢迎的。甚至连教坊都模仿他这种声调，来填词作曲，以求获取更多的观众。这说的虽是唐代的故事，但其实无论哪个朝代，市民百姓的审美趣味都是类似的。

柳永自己的生活不但极为贴近市民百姓，甚至还以专门为歌伎写词来谋取生活，他的词，有很大一部分是带着商业性质的，目的是要赢得更多的"文化消费者"。例如前人有云："耆卿居京华，暇日遍游妓馆。所至，妓者爱其有词名，能移宫换羽。一经品题，声价十倍。妓者多以金物资给之，惜其为人出入所寓不常。"①

柳永的一生，就这样与流行歌曲结下了不解的缘分。当时的乐工每每有了新的曲调，一定要千方百计求得柳永去填写歌词，这样才能流行起来。甚至歌女们只要唱柳永的歌就更容易成为歌坛"明星"，身价倍增。因此歌女们往往争先恐后地结交柳永，纷纷以金钱财物资助他。柳永虽然在官场上不得志，却成了流行乐坛最受欢迎的音乐制作人。

①［宋］金盈之《醉翁谈录》。

直到柳永去世之后，每年清明节的时候，歌女们都会成群结队地去给柳永扫墓，在他墓前唱他写的歌，这种一年一度的春季"露天演唱会"美其名为"吊柳会"。在官场上的失意，他在歌坛全都赢了回来。官场上的得意不是衡量成功的唯一标准，柳永在流行乐坛赢得的超高人气，完全可以说是另类的成功。文学创作也是如此，阳春白雪的高雅固然是一种美，下里巴人的通俗也未尝不是一种美。

可见，为了迎合这一批受众的审美趣味，柳永必须让自己的词"骩骳从俗"，不但在内容上要贴近老百姓、甚至贴近歌伎的生活，而且在语言上也不能像文人那样玩深沉玩高雅，话说一半留一半。他的"从俗"就部分地体现于他在词中不遗余力地把故事讲透彻、讲生动上，只有这样，他才能吸引住更多的受众。

因此，在老百姓这个群体当中，柳永就是当时最流行、最受欢迎的音乐制作人，是"天王巨星"级别的人物。他创作的大多数歌词，主要目的就是娱乐受众。明白了这一点，我们就能明白柳永的词为什么会"骩骳从俗"了。

晏殊之所以不能欣赏柳永，甚至心生排斥与反感，其实是因为他们二人分别代表了北宋初期词坛的两大审美潮流——我将之称为"贵族派"和"市井派"。

"贵族派"代表人物当然是当时德高望重的宰相晏殊，他这一派的词人还包括欧阳修、宋祁等人。当然词史上并没有所谓的"贵族派"，这只是我为了叙述的方便，按照这些词人的身份和词风而做出的一种概括性表述。

"贵族派"的主要内涵，除了指这些词人的身份地位非富即贵之外，主要是指以他们为代表的词风，往往也洋溢着"富贵"气质。我给"富贵"的定义是这样的：富有的物质经济条件和显贵的社会地位（这里既包括宏观的社会的富足，也包括微观的个体地位的崇高，以及文人对此种生存状态的理解和体悟）使生存于其中的士子文人可以从对生计的忧患中解脱出来，而孜孜于精神生活的追求，从而滋养孕育出深厚高雅的文化文艺修养。

在宋代富庶繁荣的社会环境和"崇尚斯文"的大文化背景下，处于富贵地位或熟谙富贵生活的一批士子文人普遍向往并享受着红袖添香、姬女伴读、吟诗赋曲的风流浪漫，其审美趣味也偏向婉约清丽，雍容闲雅。反映到文人词创作中，则是奠基在词人深厚的学养和博富的才情基础之上，既脱去穷酸寒俭之俗态，又不仅仅以镂金饰玉的财富的铺陈刻画为能事，而是借山水、亭台、风月、花鸟等或纤美宁静或含蓄幽淡的意象，营造出一种雍容典雅、风流闲淡、含蓄蕴藉、旖旎优美的气韵，并且表现出对自然、人生和社会的理性思致，如此"格高气逸，韵远思深"的作品，乃为"富贵"之作。

与这类贵族词人相对的另一类代表则是柳永。这一类词人沉沦于市井，和最底层的平民百姓打成一片。这一类词人往往生活困顿，为了生计不得不辗转于各个地方，地位低微，但他们同时又才华横溢，并且还很可能怀揣着光宗耀祖、济世安邦的儒家理想。因此他们的作品，在反映市民心态、世俗文化以及市井审美情趣的同时，也蕴含着怀才不遇的幽怨。

北宋初期的词坛，主要就是"贵族派"和"市井派"词人各领风骚的词坛，换句话说，"贵族派"代表的其实是精英文化和高雅文化，而"市井派"代表的则是大众文化和俗文化。

必须强调的是，我们说柳永词具备"骫骳从俗"的特点，并不是说柳永就是个大俗人。其实，柳永是受过正统的儒家教育的，他完全可以成为一个儒雅的士大夫文人，他也有这个才华成为一个文人雅士。

清代词学家周济说："耆卿乐府多，故恶滥可笑者多，使能珍重下笔，则北宋高手也。"（《介存斋论词杂著》）这个评价从精英知识分子的角度来说还算是很中肯的，它说出了柳永因为要迎合大众的审美趣味填词作曲，所以"恶滥可笑"的作品就多了，如果他能"珍重下笔"，那肯定就是北宋词坛的一流高手。就连很鄙视柳永的苏轼，也不得不承认："世言柳耆卿曲俗，非也。如《八声甘州》云：'霜风凄紧，关河冷落，残照当楼。'此语于诗句，不减唐人高处。"（宋代赵令畤《侯鲭录》卷七引）

我们很熟悉的柳永的《雨霖铃》，像"杨柳岸晓风残月"这样的句子，也是很优美的。

当然，也许最能表达柳永对于人生理想的词，还是这首家喻户晓的《凤栖梧》（又名《蝶恋花》）：

　　伫倚危楼风细细，望极春愁，黯黯生天际。草色烟光残照里，无言谁会凭阑意。　　拟把疏狂图一醉，对酒当歌，强乐还无味。衣带渐宽终不悔，为伊消得人憔悴。

我们读着这样的词，眼前好像浮现出这样一幕场景：词人柳永独自站在高高的楼上，微微的春风扬起他的宽袍大袖，他的目光掠过无边的春草，一直看向遥不可及的远方，眼神里竟然盛满了哀伤。也许他也曾想过一醉解千愁，可是举杯销愁愁更愁。为了心中的那个"她"，衣带渐宽，容颜憔悴，他也心甘情愿，他也执着无悔。

词中那个"伊"，到底是一个具体的心上人，还是抽象的人生理想，我们已无从得知。

"镇相随，莫抛躲，针线闲拈伴伊坐"，这是一种春心萌动的人生状态，"衣带渐宽终不悔，为伊消得人憔悴"，这是一种春愁无边的人生状态。《定风波》《凤栖梧》两首春词中的"伊"也许并不是指同一个人，然而，它们都指向了同一种情感：只要你心中还有想爱的人，只要你心中还有执着的理想，只要你心中还有期待的春天，那么现在一切辛苦而孤独的追求都是值得的。

"衣带渐宽终不悔，为伊消得人憔悴"也成为代代相传的经典名句。王国维在《人间词话》中还曾引用这两句词，认为人生要成就一番大事业，必须经过三种境界，第一种境界是："昨夜西风凋碧树，独上高楼，望尽天涯路。"[①] 第二种境界是："衣带渐宽终不悔，为伊消得人憔悴。"第三种境界便是："众里寻他千百度，蓦然回首，那人却在灯火阑珊处。"[②] 这第二种境界，表达的是在追求理想过程中必须有一种持之以恒、执着无悔的品格。可见，柳永的词，并非只有在市井百姓那里有最多的知音，他终究赢得了精英阶层的认同，直至被认为是北宋词坛"巨手"。（冯煦《六十一家词选例言》）

可见，柳永完全具备写雅词的才能，但是，他却选择了"骫骳从俗"的路子，选择了跟晏殊、欧阳修他们截然相反的创作风格，成了市井词人的代表。他这种选择，一半是被

---

① 晏殊《蝶恋花》："槛菊愁烟兰泣露。罗幕轻寒，燕子双飞去。明月不谙离恨苦，斜光到晓穿朱户。　昨夜西风凋碧树。独上高楼，望尽天涯路。欲寄彩笺兼尺素，山长水阔知何处。"

② 辛弃疾《青玉案》："东风夜放花千树。更吹落，星如雨。宝马雕车香满路。凤箫声动，玉壶光转，一夜鱼龙舞。　蛾儿雪柳黄金缕。笑语盈盈暗香去。众里寻他千百度。蓦然回首，那人却在灯火阑珊处。"

动的，也有一半是主动的。

被动选择的原因当然是仕途的挫折。不被皇帝以及贵族精英派文人所接受，导致柳永这一辈子就注定只能和市井百姓打成一片了。

柳永这个选择也有主动的因素在内，那就是柳永对精英的主动叛逆。比如说我们前面讲到的《定风波》。这首词虽然是用女性的口吻来写的，但其中很可能也反映了柳永在某些特殊时候产生的"人生理想"，而这样的理想就是反抗正统的：他不再把事业成功摆在第一位，而是将情爱、将人生享受摆在了人生追求的首要位置。在他这一生中，能够给予他这种享受和情感的，就是他结交的那些青楼女子。据说后来柳永在贫困潦倒中去世的时候，还是他生前交往密切的那些歌伎凑钱将他安葬的。

柳永这样的人生态度，在后来元代文人关汉卿那里也得到了强烈的呼应。以关汉卿为代表的元代文人大多以"浪子"自居，"郎君领袖""浪子班头"等自称就透露了他们自我调侃的叛逆心态。这和柳永的"镇相随，莫抛躲，针线闲拈伴伊坐。和我，免使年少光阴虚过"本质上是一致的，只不过和关汉卿比起来，柳永的叛逆还算是含蓄的了。

到明清时期，文人的"浪子"心态，以及描写市井百姓喜怒哀乐的作品甚至还获得了思想界的公然支持。明清文人就集体开始了对传统高雅的贵族文学的反叛，例如明代李贽就直言不讳地宣扬"穿衣吃饭即是人伦物理"。他们肯定"街谈巷语"的同时，更深层次地肯定这种话语的生存"语境"——那些里巷妇孺们生活欲望的真实流露与表现。明代袁宏道在《叙小修诗》中说，较之文人诗篇，"闾阎妇人孺子所唱"的歌谣更有流传价值，因为这些歌谣撕下了伪君子的面具，"任性而发，尚能通于人之喜怒哀乐嗜好情欲"。

柳永，就是北宋初年反叛高雅的贵族文学的先驱。"奉旨填词"的宣言，表面上是行为的屈服，实质却是精神的叛逆。虽然在当时，柳永的叛逆是孤掌难鸣，但他没有想到的是，在其后的元明清，他会拥有如此众多的知音。

在当时，柳永这种半主动半被动的叛逆无疑是不能得到精英们的认同的。前面所说的晏殊就是鄙视柳永的代表，而他对柳永的看法也就代表了此后词学界对他的主流评价，柳永就这样成了"俗"词的"浪子班头"。

由此可见，皇帝也好，以晏殊为代表的精英文人也好，与其说他们是看不起柳永的词，还不如说他们是看不起柳永这个人。

一般来说，文学作品的审美功能主要可以分为道德同情和审美同情两种①，文学作品的价值也部分地依赖于这两种功能的实现。但由于中国特有的诗教传统，导致历代批评家

---

① 参阅朱光潜《悲剧心理学》第四章，《朱光潜全集》第二卷，第262-281页。

对诗歌的抒情功用更加看重的是其引发的道德同情，以是否能引起崇高的道德同情作为评判作品价值的最高标准，有时甚至是唯一标准。

如果作者的道德境界落于下乘，那么他的作品也无法获得正统文学批评的青睐。也因此，诸多文人为了显示个人道德的高尚，往往在文学作品中道貌岸然，俨然一副道德君子的模样，私底下却不乏卑劣龌龊的一面，传统文人中这样人格分裂的例子可谓举不胜举。

柳永则不然，既然他是"奉旨填词"，便公然打出了叛逆的旗号，他已经无意于争当道德楷模，只是纵情挥洒着真实的人性。他那些耽于情爱的大胆作品，因为不符合传统儒家"发乎情，止乎礼义"的道德标准，就被看成了是道德沦落的证据。尽管我们都不能否认柳永词的美：他描绘的风景细腻优美；他笔下的人物生动可爱，栩栩如生；他讲的故事绘声绘色；他笔下的幽怨凄恻缠绵……但精英文人的主流对柳词的批评往往以道德同情压抑了审美同情，换言之，对柳永的"道德审判"远远超过了对其作品所能引发的审美同情。既然在精英层那里找不到知音，柳永的知音就只能到市井当中去找了。

正因为"同是天涯沦落人"，柳永对待青楼女子就多了一份真切的同情。他不像一般人那样只是逢场作戏而已，他会将心比心地同情这些社会最底层女子的遭遇，也尝试着去理解她们的情感和心态。

"镇相随，莫抛躲，针线闲拈伴伊坐。"也许一个青楼女子最大的愿望，就是改变那种迎来送往的生活，嫁给一个愿意一心一意守着她的男人。在柳永眼里，青楼女子也是人，也是对爱有着正常的渴望的人，她们和自己一样，都只是不平等社会中的受害者。当贵族们居高临下鄙视着这些弱者的时候，柳永却对她们奉献了一份真诚的同情和理解。

因此，柳永才借青楼女子之口，发出"和我，免使年少光阴虚过"这样的感叹。没有亲身的体验，处在社会上层的精英贵族是很难理解这种将心比心的平等的。也难怪晏殊要不屑一顾地讽刺柳永：我才不会写出像"针线闲拈伴伊坐"这样没出息没品位的句子来呢！

在传统观念中，女性本来就是低人一等的，而青楼女子更是等而下之，她们没有人格可言，更谈不上什么高雅的人生理想。但柳永却愿意以青楼女子的理想为自己的理想，他们共同以最底层的姿态对抗着精英的价值观。也许在柳永内心的潜意识中，与其卑躬屈膝地在皇帝、达官贵人那里频繁碰壁，毫无人格可言；那还不如守着这些率真朴拙的青楼女子，过着不矫情、不掩饰、不被任意践踏尊严的平凡日子。

因为只有在这里，他才拥有人格上的平等。

第三讲

富贵闲雅，珠圆玉润——晏殊

富贵闲雅，珠圆玉润

——晏殊

晏殊（991—1055），字同叔，谥元献，抚州临川（今江西抚州）人，生于北宋太宗淳化二年（991），真宗景德二年（1005），十五岁即赐同进士出身，授秘书省正字，卒于仁宗至和二年（1055）。词集名《珠玉集》，一名《珠玉词》，存词130余首。

据说晏殊七岁的时候就是远近闻名的小神童，写诗作文出口成章，因此在宋真宗景德元年（1004），他老家江西的长官就以神童的名义推荐他参加全国最高级别的人才选拔考试，这一年，晏殊才十四岁。

景德二年（1005），晏殊到京城参加考试的最后一关——皇帝亲自主持的殿试环节。晏殊在当年的考生中年岁最小，可是在威武庄严的大殿中，他没有丝毫的胆怯，而是脚步从容，呼吸平缓，一副胸有成竹的样子。

考生们各就各位之后，主考官命人发下试卷。大殿里静悄悄的，只有磨墨和纸张摩擦的声音，考生们都聚精会神思考着题目，一部分思维敏捷的考生已经开始答题了。晏殊的表现却和别的考生都不一样，他拿到考题之后，先是流露出诧异的神色，而后又仿佛在思考犹豫着什么。最后，他举起了手。

监考官走了过去，朝他挥挥手，意思是：考题是没有任何疑问的，这个时候考生也不能提问，你好好答题就是了。

晏殊分明看懂了监考官的暗示，但他仍然固执地举着手，表示他有话要说。监考官觉得很奇怪，又不能擅自做主，于是禀明主考官。主考官把晏殊单独召来，问道："考题我们都经过严格审核，确保没有任何疑问。你为什么不认真答卷？"

晏殊恭恭敬敬地行了个礼，答："禀主考大人，您出的这道题我前几日刚刚做过，草稿我都还保留着呢。如果我就这样答题的话，那就是自欺欺人了，所以我请求换别的题目来测试我。"

主考官一听，大吃一惊——在这种决定终身命运的会考中，很多考生甚至会在考前"押题"进行冲刺训练，一旦走进考场拿到试卷发现自己"押"中了题，都会暗暗欣喜，这样考试成功的概率就大大增加了啊！可这个傻乎乎的晏殊却要求换题！

这样的大事，连主考官也不知该如何决定，只好再把情况禀告宋真宗。皇帝一听，心想：这年头，许多人都为了考进士绞尽脑汁而猜题，如此诚信老实之人实在难得，将来一定也是国家和朝廷值得信任的臣子。宋真宗内心十分赏识晏殊的不隐不欺，不仅下令为晏殊更换考题，而且还御笔提名，赐十五岁的晏殊为同进士出身。

景德三年（1006），晏殊迁太常寺奉礼郎，真宗大中祥符元年（1008），迁光禄寺丞，次年又为集贤校理，后迁著作佐郎。二十岁的晏殊，已经官至从六品。

大中祥符六年（1013），晏殊的父亲晏固去世，次年母亲又去世。双亲接连的离世，给晏殊非常沉重的打击。他向宋真宗申请回家守丧，真宗非但不同意，反而给他迁官至太常寺丞，让他继续留在京城工作。

天禧二年（1018），晏殊任升王府记室参军，这位升王就是后来的宋仁宗。天禧四年（1020）八月，晏殊拜翰林学士，为太子左庶子。

北宋初年，天下太平，经济繁荣，百姓生活富庶，有人甚至开玩笑说，在北宋年间，天上掉块大石头下来都能砸死一个百万富翁。尤其是在朝为官的士大夫，享受着朝廷优厚的俸禄，日常生活都非常优裕。因此他们下班之后，很喜欢到娱乐场所去喝酒听歌。也有富家大户，在家里蓄养歌儿舞女，经常大开宴席，邀请亲朋好友聚饮欢会。在这种莺歌燕舞的大环境下，初入官场的晏殊没有出入于豪门大户，结交权贵，偏偏又一次表现得很异类：他总是"宅"在家中，不是捧着书看，就是练习书法画画，或者是教自己的弟弟读书写字，交流学术心得，生活很简朴。

有一天，皇上忽然下达了一个旨意，命令晏殊当太子的老师。这个消息一传开，大家都觉得很奇怪：怎么突然就任命晏殊了呢？传旨的太监也闹不明白皇帝怎么想的，就斗胆问了皇上一句："朝廷中那么多才学渊博的大臣，您怎么就看中晏殊了呢？"

皇帝捻着胡须，微微一笑，说："你们不要以为我处于深宫之中，对外面的事情一无所知。如今太平盛世，听说朝臣们一下了班，好多都沉迷于笙歌燕舞，通宵达旦地宴饮游乐，日子过得一个比一个滋润。只有晏殊闭门谢客，天天和兄弟待在家中读书做学问。太子正需要这样严谨博学的人当老师啊！"

太监听了，这才明白皇帝的良苦用心。

接到旨意之后，第二天，晏殊上朝当面向皇帝谢恩。皇帝故意问他："爱卿知道朕为何选你为太子的老师吗？"

晏殊老老实实回答："臣不知。"

皇帝说："是因为你不像其他人那般沉迷于宴饮游乐，而是潜心钻研学问，所以朕才属意于你。"

出乎所有人意料，晏殊居然又老老实实回答："陛下，不是我不喜欢宴饮游乐，如果我有钱的话也会喜欢的。我之所以天天待在家里不出门，是因为我家穷，没钱和别人应酬。"

真宗听了晏殊的话，更加欣赏他的诚实，而且"没钱"也证实了晏殊为官的清廉。

两年以后，宋真宗去世，仁宗即位，晏殊这位太子的近臣，自然是要加官的，因此乾兴元年（1022），晏殊迁右谏议大夫，兼侍读学士。从此，宋仁宗的老师晏殊更是得到重用，天圣二年（1024）迁礼部侍郎，知审官院，天圣三年（1025）迁枢密副使，相当于副宰相。不过晏殊为人依旧低调，并不处处炫耀自己的才华，妄自尊大，而是一心一意为朝廷选拔、推荐优秀人才，唯贤才是举。北宋王安石、欧阳修、范仲淹等一大批杰出人士都出自晏殊门下。

晏殊还是北宋初年的著名词人，他的词和他的人一样，平淡朴实中透露出雍容闲雅的气质，他往往将对人生的思考融入景物描写和情感抒发之中，不张扬，不急躁，例如这首最有名的《浣溪沙》就特别能够体现他温润如玉的理性气质：

一曲新词酒一杯，去年天气旧亭台。夕阳西下几时回。　　无可奈何花落去，似曾相识燕归来。小园香径独徘徊。

吴曾的《能改斋漫录》引用过这样一则故事：晏殊当年赴杭州途经扬州时在大明寺小憩，他一边在寺中漫步，一边让侍从吟诵墙壁上题写的诗句，并且告诫侍从不要泄露作者的姓名、籍贯等。侍从读了一路，晏殊都不以为然，直到一首诗引起了他的关注，一问之下才知道是江都尉王琪的诗。晏殊立即命人将他找来一同就餐，丝毫不介意两人地位悬殊，饭后又一起散步，谈兴甚浓。晏殊谈起平时写诗填词的习惯，每有佳句就赶紧记下来，偶尔也会很长时间都没有灵感无法将全诗补充完整。例如一年前曾偶得一个好句子——"无可奈何花落去"，冥思苦想至今都没有想到合适的对句。恭恭敬敬听晏殊谈创作心得的王琪，这时似乎是发自本能地应声而答："似曾相识燕归来。"晏殊一听，大喜过望："好句，好句！老夫踏破铁鞋无觅处，没想到今天因为你而得来全不费工夫。"从此晏殊对王琪的才华更为看重，一手将他提拔到重要的岗位。

这个故事的真实性无法证证，但至少说明在人们心目中，"无可奈何花落去，似曾相识燕归来"是浑然天成的佳对，意致缠绵，音调谐婉，也说明诗词的成功不仅需要灵感，更需要天赋、才学、勤奋和胆识，这几种要素缺一不可。

《浣溪沙》描写的是词人在庭园小径上独自徘徊的情景，一杯酒，一曲新词，依然是闲雅的生活方式，依然是春天的温暖和淡淡的喜悦。词人眼里的景物也和去年没有什么区别：一样的天气、亭台，一样的夕阳西下。燕子仍然会照常归来，还是似曾相识的模样和声音，但毕竟，一年的时光已然匆匆逝去，总有一旦失去就不可挽回的东西，例如凋零的落花就不会再盛开，例如逝去的岁月就不会再复返。人间当然有永恒不变的自然景观，但更让人感慨的是繁华落尽，季节轮回，时光飞逝，这一切都是人力无法控制的变化。面对不可抗拒的自然规律，词人才会发出"无可奈何"的叹息。整首词融合着对春天的珍惜之情和对时光流逝的伤怀，在人们司空见惯的自然场景中提炼出令人寻味的人生哲理。

少年早贵的经历亦孕育出晏殊独特的从容闲雅的气质，虽然晏殊在刚刚入仕的时候确实说不上大富大贵，但随着为官的时间越久、官职越高、俸禄越丰厚，晏殊的家庭生活还是越来越洋溢着书香门第的贵族气韵。晏殊平时的生活极为节俭，不喜欢奢华铺张，但只要有客人来访，他一定要留客人吃饭，并且吩咐家人准备丰盛的酒菜。在宴席上晏殊一边和客人谈笑风生，一边听着歌女的演唱助兴。吃完饭还有一个必备节目，那就是和客人一起填词唱和。晏殊总是说："歌女们的才艺已经展示完了，现在该轮到我们了。"主客一起吟诗唱和也成为每一次宴会的小高潮。

以晏殊为代表的北宋词坛就是洋溢着如此独特的富贵闲雅的气质，而前人评价晏殊的文采亦常用"富贵""天然"这样的范畴。北宋的承平气象是造就词坛富贵气质的文化土

壤，而晏殊等词坛领袖风流闲雅的性情亦是北宋承平在词体
中的反映。然而，晏殊推崇的"富贵"气象并非堆金砌玉的
俗艳，而是浑然天成、自然流露的闲雅雍容。《宋朝事实类
苑》记载：

> 晏元献公虽起田里，而文章富贵，出于天然。尝览
> 李庆孙《富贵曲》云："轴装曲谱金书字，树记花名玉
> 篆牌。"公曰："此乃乞儿相，未尝谙富贵者。"故公
> 每吟咏富贵，不言金玉锦绣，而唯说其气象，若曰"楼
> 台侧畔杨花过，帘幕中间燕子飞""梨花院落溶溶月，
> 柳絮池塘淡淡风"之类是也。故公自以此句语人曰："穷
> 儿家有这景致也无？"

"穷儿"家自然无此等富贵，亦无此等闲心来欣赏此等
景致，然而晏殊词中那飞飏的柳絮杨花，淡淡的风儿溶溶的
月，深深的院落清清的池塘，却无一不是弥漫着从容闲静，
婉约幽淡的气息。

晏殊的词作从整体上而言正是词之富贵气象的完美体
现，他的词集以"珠玉"为名，亦含珠圆玉润、雍容闲雅
之意。

其实，晏殊少年得志，一路平步青云，也曾有过短暂的
挫折。三十五岁时，晏殊因为上书反对张耆为枢密使而得罪

了章献太后（刘太后），此时的仁宗皇帝还是一个未及冠龄的少年，按照真宗的遗诏，朝中之事由太后主持。而张耆正是太后宠信的人，尽管太后没有因为晏殊的反对直接降罪于他，却在天圣五年（1027）找了一点晏殊的小错误，罢了他的枢密副使之职，将他降级为刑部侍郎，出知宋州（今河南商丘），又改知应天府（今河南商丘）。

不过这一次出京的时间并不长，第二年他就被召回了京城，拜御史中丞，改兵部侍郎，兼秘书监，资政殿学士，翰林侍读学士。事业又开始回到了正轨之中。天圣八年（1030），晏殊四十岁，知礼部贡举，次年为三司使。明道元年（1032），复为枢密副使，又改参知政事，迁尚书左丞，终于，四十二岁的晏殊，又一次官至副宰相。

不过，命运再一次捉弄了他。仁宗的生母李宸妃薨逝，晏殊执笔撰写李宸妃的墓志。但是晏殊在墓志之中，却没有写到李宸妃系仁宗生母这件事情，被认为是墓志失实，这在当时可是一件大事——李宸妃出身低微，本是刘太后的侍女，因侍寝真宗而有孕，生仁宗，刘后将之据为己子，当时宫中自然无人敢说什么，仁宗也不知道自己的生母竟然不是刘后。

十二岁的仁宗继位以后，刘太后摄政，李宸妃薨逝，晏殊奉命为其撰写墓志铭时，不敢言明她与仁宗的母子关系实属情有可原。后来燕王告诉仁宗其生母为李宸妃，因长期受到刘太后压制，死于非命。仁宗号恸不已，且对满朝文武大臣隐瞒事实的做法大发雷霆，尤其对晏殊执笔的墓志铭非常不满。晏殊因此又被罢参知政事，以礼部尚书的身份出知亳州（今安徽亳州），两年以后又知陈州（今河南淮阳）。这一次离京的时间，长达五年。

　　五年以后，仁宗宝元元年（1038），晏殊从陈州被召回京城，为御史中丞、三司使，他的小儿子晏几道也在这一年出生了。[1]两年以后，晏殊自三司使刑部尚书除知枢密院事，九月加检校太尉枢密使。庆历二年（1042），晏殊自枢密使加同平章事，次年自检校太尉刑部尚书同平章事，加同中书门下平章事，集贤殿学士兼枢密使，这就是名副其实的宰相了。

　　然而，命运并非总是一帆风顺。庆历四年（1044）九月，晏殊被孙甫、蔡襄等人弹劾，皇帝下令罢免了他的宰相位，以工部尚书的身份知颖州（今安徽阜阳）；庆历五年（1045）改刑部尚书，庆历八年（1048）从颖州移知陈州，皇祐元年（1049）又徙知许州，皇祐二年（1050）迁户部尚书，以观文殿大学士知永兴军（在今陕西西安）。

---

　　[1] 此据《东南晏氏重修宗谱》（涂木水《关于晏几道的生卒年和排行》，《文学遗产》1997年第一期）。关于晏几道生年还有不同说法，一说生于1030年（据夏承焘《二晏年谱》）；一说生于1041年（据宛敏灏《二晏及其词》）；还有人推测晏几道可能生于1045年后（据唐红卫《二晏研究》，南开大学出版社2010年）。

晏殊尽管从宰相位到了户部尚书，官阶连降几级，但是他热情好客的习惯，从京城到永兴军，到他所工作过的任何一个地方都没有改变。有一天，晏殊在宴席上听到一个陕西歌女的演唱，不禁感慨万千，写下了一首《山亭柳·赠歌者》：

> 家住西秦，赌博艺随身。花柳上，斗尖新。偶学念奴声调，有时高遏行云。蜀锦缠头无数，不负辛勤。
>
> 数年来往咸京道，残杯冷炙谩消魂。衷肠事、托何人？若有知音见采，不辞遍唱《阳春》。一曲当筵落泪，重掩罗巾。

整首词从头至尾仿佛都是这位陕西歌女在自述她的生平与经历：她家住在陕西，此地春秋战国时属秦国，故曰"西秦"。"博艺"则是指这位歌女精通多种艺术技能，堪称多才多艺：她能歌善舞，会弹奏琵琶，还能自己填词。当然，女孩子最爱唱的歌多为花前柳下的情爱主题，这位陕西歌女却能跳脱出陈词滥调的牢笼，以歌词之尖巧创新和唱功的出类拔萃从众多歌女中脱颖而出，鹤立鸡群。

"偶学念奴声调，有时高遏行云。"念奴是唐玄宗时期的著名宫廷歌手，她的歌技曾被赞誉为"宫伎中第一"，唐玄宗夸奖她"每执板当席，声出朝霞之上"。一次宫中举行宴会，人声鼎沸，于是唐玄宗命念奴唱歌，由邠王二十五郎吹小管伴奏，实际上是使笛子的声音与歌声抗衡，但仍无法掩盖住念奴嘹亮的声音。这一精彩的艺术表演被元稹记录在《连昌宫词》中："春娇满眼泪红绡，掠削云鬟旋装束。飞上九天歌一曲，二十五郎吹管逐。"大家熟悉的词牌名《念奴娇》相传就是唐代天宝年间创作的歌曲，最初的歌词应是对当时著名歌手念奴的赞美。

这位无名的陕西歌女与唐代歌星念奴相比似乎毫不逊色，可见歌者的自信与晏殊对其歌艺的赞许。如此才貌双全的歌女自然赢得无数"粉丝"的追捧。"蜀锦"是指以蜀地出产的织锦作为馈赠的礼品，"缠头"原指歌伎以丝织品缠绕头部，后来代指赏赐给歌舞伎的礼品或礼金。"蜀锦缠头无数，不负辛勤"正是这位当红歌女炙手可热时的生活状态。

词这种文体，本兴于坊间歌楼，实际上从词体产生的时候，就已经奠定它香艳的本色以及诗乐结合的音乐文学性质，词从一开始就和歌女这个特殊的音乐传播群体结下了不解之缘。

从传播的角度来讲，词的传播，尤其在北宋，主要是以流行歌曲的方式呈现的，而演唱者主要是歌伎，是秦楼楚馆之女，亦有部分贵族家庭蓄养小型的歌舞乐队供休闲娱乐之用。像晏殊这种身份的人，在自己府第里便蓄有"私人乐队"为他和客人们演唱佐欢，在家庭生活中就能营造一种轻歌曼舞、觥筹交错的音乐氛围，而无须像柳永那样的失意文人，长期出入娼馆妓楼，借暂时的脂粉花酒来麻醉自己的痛苦。

或许正因如此，晏殊偶遇的这位陕西歌女才更令他惊喜，甚至有刮目相看乃至惺惺相惜的感慨。

这番感慨在词之下片体现得尤为浓郁。"数年来往咸京道，残杯冷炙谩消魂。"下片由此转入了歌女盛极而衰之后的命运倾诉。

咸京本是秦朝的都城咸阳，此处代指宋代都城汴京（今河南开封）。歌女自述数年之间，在陕西和河南开封之间往返，为了生计而辗转奔波，个中艰辛实在是如人饮水冷暖自知。

歌伎在当时是一种极为特殊的存在，她们的命运、她们的价值与存在意义，都需要通过行业内的竞争去争取、去证明。她是受欢迎还是被遗弃，是门庭若市还是门可罗雀，都取决于她的容貌与才艺。换言之，"花柳上，斗尖新"既是对她才艺能力的肯定，同时也暗含着竞争的残酷。当她盛极而衰的时候，也曾尝尽残杯冷炙的世态炎凉，当她青春不再，当她红颜老去，她内心的这份凄凉苦闷，又能向谁诉说呢？她的终身又能向谁托付呢？她只是一个身份卑微的歌女，如果她的这番心曲能有知音相怜相惜，她甚至心甘情愿"遍唱《阳春》"为她的知音侑酒助兴。

《阳春》即《阳春白雪》，相传是古代楚国的高雅歌曲，这里当然是代指歌女所擅长的那些高难度的"花柳尖新"之曲。

歌女的倾诉至此，已是泪湿鲛绡，泣不成声，晏殊也被深深触动。

在北宋，填词往往是游戏笔墨之作。酒宴歌席之上，文人们喝了酒写写歌曲，即席交付歌女们演唱，往往并没有什么深意，大家听了笑笑了之。而晏殊这首词，分明已经不再是普通的赠伎词，而是表达了对歌者的深切同情，并借以抒发词人自己内心的惆怅与哀伤。

又或者，晏殊的这阕"赠歌者"其实和白居易写《琵琶行》的动机有相似之处：偶然邂逅的歌女与琵琶女，她们的身世激发了诗人或词人的同情——这里的同情并非简单地对于弱者的怜悯，更是"情同此心"的意思。也就是说，晏殊和白居易一样，都是从对方身世起伏的悲剧人生中，看到了自己的命运，尤其是从中看到了仕途浮沉的无奈与悲凉，从而产生了同病相怜的知己之情。

"同是天涯沦落人，相逢何必曾相识"，这样看来，晏殊这阕《山亭柳》堪称宋词版的《琵琶行》。

《山亭柳》可以说是晏殊词集中情绪抒发得最为浓烈的作品之一，与他一贯雍容闲雅的理性气质形成了一定的反差。许多词坛大家，往往都能够自如地驾驭不同风格的作品，而且不同的创作背景及动机也会影响到情感抒发的不同，因此对于词人创作风格的任何提炼都只是针对其总体气质而言，并不能全面概括其所有作品。从《山亭柳》一词，我们亦看到了晏殊在雍容闲雅的贵族气质之外，另外一种身世沉浮的凄怆之情。

皇祐五年（1053），晏殊徙知河南，兼西京留守，迁兵部尚书，直到至和元年（1054）才因病返回京城，并于次年正月病逝。然而作为"北宋倚声家初祖"，晏殊词的贵族气质对词坛的影响仍然在延续……

第四讲

千千心结，花影情浓——张先

千千心结，花影情浓

——张先

张先[①]（990—1078），字子野，乌程（今浙江湖州）人，出生于北宋太宗淳化元年（990），仁宗天圣八年（1030）进士，卒于宋神宗元丰元年（1078），年八十九，是北宋目前所知的词人中年寿最高的一位。著有《张子野词》，一称《安陆词》两卷。唐圭璋《全宋词》收录其词164首，附录24首。

张先在《宋史》中没有传，尤其是在他考中进士之前，其生平资料几乎无迹可寻。天圣八年（1030），四十一岁的张先考中进士，这一年，晏殊知礼部贡举，为张先座主（进士称主考官为座主）。尽管晏殊素以慧眼识人、奖掖后

---

① 张先比晏殊年长一岁，但因晏殊为其座师，辈分而言算是张先的长辈，故将张先列于晏殊之后。

进而著称，但对张先的仕途似乎并未起到特殊的作用。张先的半生光阴耗费在一些低级地方官任上：四十三岁任宿州掾，五十一岁以秘书丞的身份知吴江县，五十四岁以秘书丞签判秀州。直到他六十一岁那年，也就是皇祐二年（1050）秋，晏殊迁户部尚书，以观文殿大学士知永兴军（在今陕西西安），方辟张先为通判。

不过，文人的幸与不幸并不与仕途上的进退成正比。在政治上始终不得志的张先，在词坛上却声名鹊起，尤其作为浙江湖州人，他是吴越词坛名副其实的领袖人物，主盟词坛数十年，影响颇巨。其实，晏殊一直都很欣赏张先的文才，在永兴军的这几年里，张先经常受邀到晏殊府上做客，晏殊每次都会叫出他最宠爱的侍女演唱张先的词，吟诗唱和，清歌佐酒。

也许是因为晏殊对这位多才多艺的侍女多有偏宠，他的夫人王氏对此甚为恼火。在夫人的压力下，晏殊无奈只好将这个喜欢的侍女逐出家门。女孩走后，晏殊一直郁郁寡欢，他也是当时词坛的领军人物，最大的业余爱好就是填词听曲儿，如今最喜欢的歌女被遣，还有谁能在他耳畔低吟浅唱那些柔美动听的新歌呢？

作为晏殊下属兼好友的张先，自然深深了解并同情着他内心的苦闷。有一天，晏殊又邀请张先一同饮酒，与往日不同的是，晏殊再也没有那种潇洒从容的豪情逸兴，他的眼神里仿佛写满了落寞和忧伤。张先也不劝他，只是悄悄写下一首新词，交给一位歌女演唱：

> 步帐摇红绮。晓月堕，沉烟砌。缓板香檀，唱彻伊家新制。怨入眉头，敛黛峰横翠。芭蕉寒，雨声碎。
>
> 镜华翳。闲照孤鸾戏。思量去时容易。钿盒瑶钗，至今冷落轻弃。望极蓝桥，但暮云千里。几重山，几重水。（《碧牡丹》）

这首《碧牡丹》词题下注明了"晏同叔出姬"，晏殊字同叔，可知这首词即为晏殊遣走侍女而作。

词一开篇就呈现出一幕绮艳柔美的场景：月亮渐渐沉落，拂晓前的夜色安宁静谧，可是在晏殊府中依然是华烛高照，轻歌曼舞，沉香燃烧散发的烟雾萦绕在梁柱之间，仿佛梦幻般的人间仙境——原来这又是一次彻夜不眠的"歌舞晚会"。

"步帐"本是古人出行时用来遮蔽风尘或者障蔽内外的帷帐，此处是描绘歌舞女子出场时的画面。美貌婀娜的歌女身着绮罗，盛装打扮，从静静低垂、轻轻摇曳的步帐后款款而出，"她"手执檀香木制成的名贵拍板，缓缓打着节拍，唱遍了晏殊创作的新词，和着那娇柔清亮的歌声，仿佛要穿透宁静的夜色，在树梢月影间徜徉萦绕。

前几句写尽了晏殊富贵闲雅的生活方式——那可是充满

了艺术气质的浪漫与风情。可是笔锋至此忽然一转，"怨入眉头，敛黛峰横翠"。那位轻歌曼舞的美丽女子为何又微微皱起了眉头，仿佛眉间心上都蕴含着诉不尽的哀怨愁绪呢？为何刚刚还是晴朗夜空，突然间却又是雨打芭蕉，淅淅沥沥，风雨声中仿佛传送着无尽的清冷寒意呢？

歌舞晚会的奢华艳丽与眉头轻锁愁听雨打芭蕉的凄凉孤独形成了鲜明的对比。那么词的上片为何会出现这样"画风突变"的前后矛盾呢？

也许只有一种可能的解释。那就是"怨入眉头，敛黛峰横翠。芭蕉寒，雨声碎"是眼前的实景，而词一开篇"步帐摇红绮。晓月堕，沉烟砌。缓板香檀，唱彻伊家新制"其实只是回忆中的一幕场景。

如果这首词真是张先为晏殊被遣之歌女而作的话，那么这位歌女无疑就是词中眉峰轻敛的女主角。她虽然地位卑微，但在晏殊府中的那些日子是她最好的青春年华，晏殊对她的欣赏与宠爱是她在这个世间感受到的令人眷恋的温暖。而一旦被夫人所逐，那些温柔相伴、彻夜清歌的美好日子便从此定格成了过去，如今她却只能在夜夜无眠中，独自聆听"芭蕉寒，雨声碎"。

满满都是回忆啊！回忆越温暖，现实就越寒冷。对于被逐的女子来说，从此她的世界便停留在了这样的寒冷与孤寂之中："镜华翳。闲照孤鸾戏。"过片两句用的是南朝宋范泰《鸢鸟诗序》中的典故：有一个罽（jì）宾王曾经在峻祁山结网，捕捉到一只鸢鸟，罽宾王特别喜欢。但是他把这个鸢鸟带回家里之后，它却怎么也不肯鸣叫。罽宾王想尽了各种办法，给它换了一个金笼子，用山珍海味来喂养它，也没有丝毫进展，如此三年，都没有听到鸢鸟的一声鸣叫。于是罽宾王的夫人给他出了一个主意，她说鸟类只有见到它的同类才会鸣叫的，所以要让它叫就必须让它见到同伴。您何不尝试挂一面镜子，让它看到镜中的自己呢？罽宾王一听，这主意似乎不错。他命人拿来了镜子，果然，鸢鸟见到镜中的自己，以为是伙伴，"睹形悲鸣，哀响中宵"。这只鸢鸟见到自己的"同伴"以后，失声悲鸣，仿佛郁结了三年的痛苦都倾泻在了这一声声悲鸣之中，直叫到半夜，最终"一奋而绝"。

故事中这只悲情的鸢鸟，又何尝不是被弃女子孤独的写照呢？别离"同伴"之后，她从此只能顾镜自怜，只能与镜子里的自己"抱团取暖"。

"思量去时容易。钿盒瑶钗，至今冷落轻弃。"所谓别时容易见时难，为何当初的两心相许只换来如今冰冷决绝的背影？"钿盒瑶钗"既是女子梳妆的必备品，也很可能是"他"赠与爱人的定情信物。信物还在，爱人却已转身离去，纵有花容月貌，纵有华贵美艳的玉钗首饰，她又能为谁而梳妆打扮？被"冷落轻弃"至今的何止是"钿盒瑶钗"，更是女子那颗破碎的心吧。

"望极蓝桥，但暮云千里。几重山，几重水。""蓝桥"在陕西蓝田县东南边的蓝溪之上，相传蓝桥之侧曾是仙女居住的地方。在《太平广记》中有这样一则关于"蓝桥"的故事：唐代一位叫作裴航的秀才，落第以后到鄂渚游览，期间拜会了老朋友崔相国。在从鄂渚返回京城的途中，和樊夫人同舟。这位樊夫人写了一首诗送给裴航："一饮琼浆百感生，玄霜捣尽见云英。蓝桥便是神仙窟，何必崎岖上玉清。"后来船到了蓝桥驿停船，裴航口渴，下船求水，正好遇到了一位老妇人，也就是云英的母亲，这位老妇人招呼道："云英，拿一瓯浆出来，郎君要饮。"听到"云英"二字，裴航突然想起了樊夫人的诗句，于是裴航便向老妇人求娶云英，老妇人说："你要娶我的女儿云英，就必须找到玉杵臼。"几个月之后，裴航终于找到了玉杵臼，重返蓝桥迎娶云英，二人双双仙去。

因为这个故事，缘定蓝桥遂成为古典诗词中常用的典故，多少痴男怨女对"蓝桥"的向往，实际上便是对美满婚姻、神仙眷侣的渴望。词中这位被弃的女子也是如此，她多么渴望能够在"蓝桥"遇到那位与她缘定三生的人，可是极目望去，只有重重山水阻隔，云深不知处，哪里才是只属于她的"蓝桥"呢？

张先真不愧为词中高手，一阕小令，将女子的柔肠百结刻画得丝丝入骨，无论是今昔对比的落差，还是现实与梦想的距离，又或是虚实相间的回忆与实景的切换、快乐与忧伤情绪的转折，在他的笔下都显得那么摇荡人心。

也难怪，据说晏殊在听完张先的这首《碧牡丹》以后，恍然大悟，他感慨道："人生行乐耳，何苦自如此。"世间本已有太多的阴差阳错，人生苦短，又何必这样苦苦折磨自己、苦苦折磨所爱的人呢！于是晏殊立即命人赎回了此前被赶出家门的侍女。

一首小词，竟然改变了一个人的命运，或许对于词人张先来说，他只是表达了对一位卑微歌女的同情，殊不知，真诚的同情其实蕴含着动人的力量。

在永兴军做了三年的通判之后，皇祐五年（1053），张先回京城汴京受命，以屯田员外郎出知渝州。同年十月，在去渝州的途中路过永兴军，此时的晏殊已经罢知永兴军，封临淄公，将徙知河南，张先作了《玉联环·送临淄相公》一词，与晏殊作别。谁曾想到，这一别，竟然是他与晏殊最后一面。两年后晏殊去世，张先为晏殊词集《珠玉词》作序，可惜序已失传。

宋仁宗嘉祐元年（1056），张先离开渝州，嘉祐三年（1058）知安州，嘉祐四年（1059）改知虢州，此时的他已经七十岁了，以尚书都官郎中致仕。退休以后的张先，主要居住在杭州。

　　张先七十二岁时曾来到都城汴京，当时的工部尚书宋祁听说自己慕名已久的张先到了京城，立即前往拜见。宋祁的官职远在郎中张先之上，可是宋祁依然恭恭敬敬地派人事先去通报说："咱们的尚书想要拜见'云破月来花弄影'郎中，不知可否？"

　　张先在屏风后听到，立刻大声应道："是不是那位'红杏枝头春意闹'尚书啊？"一边说一边赶紧迎了出来，两位文坛巨匠的双手终于紧紧地握在了一起，张先连忙置办了丰盛的酒菜，与相见恨晚的宋尚书畅谈尽欢。

　　两位词坛巨匠初次见面的方式果然是与众不同：他们对彼此的称呼都是举出了对方词作中最有名气的句子。宋祁的"红杏枝头春意闹"出自《木兰花》："东城渐觉风光好，縠皱波纹迎客棹。绿杨烟外晓寒轻，红杏枝头春意闹。浮生长恨欢娱少，肯爱千金轻一笑。为君持酒劝斜阳，且向花间留晚照。"这首词主要描写美好的春天：春波荡漾，杨柳青青，红杏怒放。这样的优美春色值得珍惜，这样的浪漫时光值得留恋，因此词人才会把酒"劝斜阳"，希望时间的脚步走得慢一点、再慢一点，让快乐更加永久地留驻。这首词一传开便获得了众人的交口称赞，也让宋祁拥有了"红杏枝头春意闹"尚书的美称。

　　而宋祁称呼张先为"云破月来花弄影"郎中，这一名句出自张先的代表作《天仙子》：

《水调》数声持酒听，午醉醒来愁未醒。送春春去几时回？临晚镜，伤流景，往事后期空记省。　　沙上并禽池上暝。云破月来花弄影。重重帘幕密遮灯，风不定，人初静，明日落红应满径。

和宋祁的《木兰花》主题近似，这首《天仙子》也是伤春感时的作品。《水调》是歌曲的名字，传说是隋炀帝开凿汴河时创制的"水调歌"。写这首词的时候是宋仁宗庆历三年（1043）春天，五十二岁的张先在嘉禾（今浙江嘉兴）任判官，因为生病卧床不能出门，只能听着《水调》的歌曲，昏昏沉沉从午睡中醒来，可是愁绪却依然缠绕着词人久久没有消散。春天就要逝去了，不知道下一个春天什么时候能够再回来呢？夕阳西下，夜幕降临，词人揽镜自照，不由得感慨年华老去，青春时代的美好往事如今都成了忧伤的回忆。

词的上片是借春光流逝感叹人的衰老，但高明的词人没有继续渲染这种悲情，而是在下片宕开一笔，从抒发感伤之情转到了对春夜宁静景致的描绘：朦胧的夜色中，白天在沙滩上嬉戏的鸳鸯安静下来了，它们成双成对地栖息在池塘边，月亮渐渐穿透云层露出了温柔的笑脸，如水的月色铺洒下来，花影婆娑，一切都是那么恬淡、静谧。词人的居所此刻也重重帘幕低垂，将灯光阻隔在密密的帘幕之内。夜风微凉，人们该要安歇的时刻到了，可是词人却辗转无眠，心里仍在幽幽地感叹：又是一个夜晚即将过去，明天醒来，庭院中的小路上该是铺满落花了吧？词人对于春光的珍惜、对于时光流逝的惋惜，都静静地流淌在字里行间。

"云破月来花弄影"是这首词中最为人所称道的句子。一个"破"字、一个"弄"字，为幽静的月色平添了几分动态的美感，难怪不仅宋祁要将"云破月来花弄影"郎中的美名送给张先，张先自己都对这一如有神助的词句"自恋"不已。他还因此而修建了一个亭子，就命名为"花月亭"，寄托他对美好时光、美好景色的悦赏之情。

如果说《碧牡丹》词是运用了"代言体"，即词人张先模拟女主人公的口吻，代替女子抒发其情感（这是宋词中极为普遍的"男子而作闺音"的写法），那么"云破月来花弄影"这样的词句就是词人抒发自身的情绪感触，属于词人的自我抒怀了。

有人曾对张先说："别人给您取了一个绰号叫'张三中'，就是说您的词描写'心中事、眼中泪、意中人'，抒发情感特别细致入微。"原来张先写过一首《行香子》词，结尾便是这几句："奈心中事，眼中泪，意中人。"情感极为凄恻缠绵。

张先听了，哈哈一笑说："与其叫我'张三中'，还不如叫我'张三影'呢！"客人一时没有理解，问道："何以如此说呢？"张先说："我平生最得意的词句就是这三句：

'云破月来花弄影''娇柔懒起，帘压卷花影''柳径无人，堕飞絮无影'。"

类似于"云破月来花弄影""天不老，情难绝。心似双丝网，中有千千结"（《千秋岁》"数声鶗鴂"）等词句在张先的笔下仿佛神来之笔，堪称千古名句，传诵至今。

看来，花、影这样缥缈轻灵的意象本就是词人的偏爱，可是像张先这样妙用花、影等意象，几乎句句成为经典的词人却实在是不多。不仅像宋祁、苏轼这样的大文豪都对张先佩服得五体投地，连当时的文坛盟主欧阳修也对张先赞不绝口。张先来到京城的时候曾经专程去拜访欧阳修，门房刚刚报上张先名号，欧阳修一听，连鞋子都来不及穿好，倒拖着鞋子就匆忙奔出去迎接，激动地说："您就是'桃杏嫁东风'郎中啊，久仰久仰！"原来欧阳修引用的也是张先盛传天下的《一丛花令》中的名句：

伤高怀远几时穷，无物似情浓。离愁正引千丝乱，更东陌、飞絮濛濛。嘶骑渐远，征尘不断，何处认郎踪。　　双鸳池沼水溶溶，南北小桡通。梯横画阁黄昏后，又还是、斜月帘栊。沉恨细思，不如桃杏，犹解嫁东风。

这首词是张先的得意之作，往往见诸宋代以来的各版词选，而且和《碧牡丹》词类似，亦是"男子而作闺音"的"代言体"，通篇都是以女性的口吻来抒发爱情的失落。

从主题上来说，这首词似乎与花间风格无异，无非是情郎远去，独守空闺的女子借伤春惜春的情绪抒发离愁、感慨孤独，但是这首词的末三句"沉恨细思，不如桃杏，犹解嫁东风"，似乎"异军突起"。女子在缠绵幽怨的思念中突发奇想、突作妙语：桃杏尚能把握住美好的春天，毅然"嫁"与东风，随东风的吹拂而娇美盛开，而自己却身不由己，只能徒然地羡慕"桃杏"与"东风"的美满"姻缘"。

草木本是无情之物，随着温暖的东风而盛开，只是桃花和杏花生长的自然规律而已，可是词人偏偏独出心裁，将有情之人与无情之花相比：与其错过一个又一个美好的春天，让有情之人如此孤独痛苦，那还不如桃花杏花，可以任性自由地嫁与东风，才不辜负自己的大好韶华呢！

这样天才般的奇思妙想令人拍案叫绝。

词这种诗歌体裁更为适合抒发细腻情感，在宋代可谓占尽一代风流，而引领这一风流的代表人物之一，张先其实当之无愧。张先的作品中不仅盛产脍炙人口的名篇名句，许多风雅的词坛故事往往也和张先有关，甚至北宋许多词人也是受到张先的影响、学习张先的创作才成长为词坛大家的。例如苏轼原本不擅于填词，可是自从苏轼于熙宁四年（1071）在杭州通判任上结识了张先之后，才仿佛突然领悟了词的妙境，开始大量填词。三十六岁的苏轼和八十二岁高龄的张先成了词坛的忘年知己，在杭州与张先交游的时期甚至成了苏轼一生之中写词最多的时期。苏轼早期的很多词作都有明显模仿张先的痕迹，甚至可以毫不夸张地说：是张先将苏轼引领到了成为词坛大家的道路上。

后来苏轼在《题张子野诗集后》中说："子野诗笔老妙，歌词乃其余技耳。《华州西溪诗》云：'浮萍破处见山影，小艇归时闻草声。'与余和诗云：'愁似鳏鱼知夜永，懒同蝴蝶为春忙。'若此之类，皆可以追配古人，而世俗但称其歌词。昔周昉画人物皆入神品，而世俗但知有周昉士女，皆所谓未见好德如好色者欤？"苏轼说张先的诗笔"老妙"，而词只不过是老妙诗笔的余技，这是词体在北宋尚未取得独立文体地位的体现。苏轼又说张先诗能"追配古人"，其实张先词才真是可以追配古人且开一代之风气的。直到清代，陈廷焯还说"子野词最为近古"，甚至提出张先词"最为古致"，是"古今一大转移也"。

为何称张先词是"古今一大转移"呢？在张先之前有五代花间词人温庭筠、韦庄等，北宋前期亦有晏殊主盟词坛，尽管词的基本体式已经初步建立起来了，但是词的写作内容和传播方式，基本局限于相思恨别和歌伎演唱。虽然张先的词作并没有完全走出"心中事、眼中泪、意中人"的模式，但是从传播的角度来说，张先将词运用于文人之间的酬唱、赠答，确是词在传播方式上的一大进步。

在张先之前，文人之间的酬唱和赠答都是用诗来完成的，词还只是不登大雅之堂的"诗余""小道"，而张先作《山亭宴慢·有美堂赠彦猷主人》《喜朝天·清暑堂赠蔡君谟》《玉联环·送临淄相公》《定风波令·次子瞻韵送元素内翰》《雨中花令·赠胡楚草》等词，将词用于文人交际，实际上扩大了词的功能，或者说是将诗的功能扩大到了词，这种做法从词体发展的角度来说，是用诗的功能提升了词的地位。后来苏轼"以诗为词"，也在一定程度上受到了张先的影响。

值得一提的是，张先现存的160余首词中，有70余首有序。张先的词序往往是叙述性的，或概括主题，或标注酬唱对象，或记录时间地点。这也是受诗法的影响，并直接开启了苏轼等人大量使用词序的做法，也标志着词的内容由朦胧泛化的情爱主题走向了士大夫文人的切身经历与怀抱抒发。

张先之后北宋有柳永、秦观，有苏轼、周邦彦，南宋有辛弃疾、姜夔等人相继成为词坛翘楚。然陈廷焯认为张先之后的人"古意渐失"，而张先则"适得其中"，能够在词体上承五代、下开北宋的过程中，既擅小令，也填慢词，但其慢词却不似柳永般铺叙直白，而是以小令之笔作慢词。因此陈氏说他"有含蓄处，亦有发越处，但含蓄不似温、韦，发越亦不似豪苏、腻柳"，说明张先在北宋词坛处于承前启后的关键时期，上承小令之含蓄，下启长调慢词之铺叙开阔，确为推动词之转折发展期的重要词人，其词坛巨匠地位不容置疑。

张三中、张三影、"云破月来花弄影"郎中、"桃杏嫁东风"郎中……这一系列韵味无穷的名号，仿佛在我们眼前再现了那个善于将细腻情感融入自然风光中的一流大词人，即便千载之后，再吟哦他这些经典句子，仍有口舌噙香、余音袅袅的感觉。

第五讲

把酒东风，风雅疏隽——欧阳修

把酒东风，风雅疏隽

——欧阳修

欧阳修（1007—1072），字永叔，号醉翁，又号六一居士，庐陵（今江西吉安）人，出生于北宋真宗景德四年（1007），仁宗天圣八年（1030）进士，卒于神宗熙宁五年（1072），年六十六，谥文忠。他是北宋诗文革新运动的领袖，"唐宋八大家"之一。词集初名《平山集》，已佚；又《欧阳文忠公近体乐府》收词190余首，另有《醉翁琴趣外编》和《六一词》，收词多有重复与误入他人之作。唐圭璋《全宋词》收其词240余首，较为可靠。

欧阳修出生在四川绵州（今四川绵阳），他出生的时候，他的父亲欧阳观正在绵州做军事推官。欧阳观五十多岁才进入仕途，也没有取得高官厚禄，自然没有什么家庭积蓄。更加不幸的是，欧阳观没做几年的官就去世了，他去世的时候，欧阳修才四岁。

父亲的去世，对于这个原本就并不富裕的家庭，几乎是灾难性的打击，于是欧阳修随着他的母亲，投奔位于湖北随州的三叔欧阳晔家生活。欧阳晔当时是随州推官，工作性质与欧阳观相同，家境并不富裕，甚至欧阳修在他后来的回忆中，还用"饥寒"一词来形容这一段日子，其困境可以想见。好在欧阳晔并未因为贫寒而亏待欧阳修母子，他将欧阳修视如己出，言传身教。欧阳修的母亲郑氏也是江南名族之后，颇识诗书，因此母亲也成了欧阳修的启蒙老师，常常用荻在沙地上写字，教欧阳修认字。

随着年龄的增长，母亲的教育已经无法满足欧阳修的求知欲，他就经常跑到邻居家借书。如饥似渴的阅读滋养着这个成长中的少年。天圣元年（1023），十七岁的欧阳修第一次参加随州的州试，没有通过；天圣五年（1027）应礼部试，又一次以失败而告终。

两次落榜，该怎么办？欧阳修带着自己写的文章，去求教汉阳军长官胥偃。胥偃一看，大吃一惊，对欧阳修的文章赞不绝口，于是把欧阳修留在了自己的门下，收他为弟子，后来还将自己的女儿嫁给了他。

天圣七年（1029），在胥偃的推荐下，二十三岁的欧阳修就试国子监，这一次，他考了第一名。同年秋参加国学解试，又考了第一名。次年参加礼部贡举，资政殿学士晏殊为主考官，晏殊向以慧眼识人著称，欧阳修再度夺魁。

三连冠的欧阳修自然是春风得意，他终于闯进了考试的最后一关——仁宗皇帝亲自主持的殿试。在这一轮殿试中，欧阳修名列甲科第十四名，高中进士。据晏殊后来说：欧阳修原本应该是状元，只因才气纵横、锋芒太露，考官们寄厚望于他，希望挫挫他的锐气，让他经受更多的历练，才将他的名次从状元的位置上拉了下来。

天圣八年（1030）五月，欧阳修释褐为将仕郎、试秘书省校字郎，充西京留守推官，从此开始了他的仕途生涯。

作为北宋初期最著名的词人之一，欧阳修填词多有模仿、学习五代、南唐词人，尤其是南唐宰相冯延巳的词，更是成为欧阳修学习的典范。他对冯延巳的崇拜甚至到了这样的程度：他常常先抄下自己喜欢的冯延巳词，再把自己模仿的词作写在下面，两相比较，看看自己与"偶像"的差距到底有多大。当然，这样的学习成效是极其显著的，清代学者刘熙载就曾经评论说："冯延巳词，晏同叔得其俊，欧阳永叔得其深。"这就是说，晏殊与欧阳修都继承了冯延巳词的部分特质，并且还进一步形成了自己的个性色彩。

不过，这样亦步亦趋的学习方式也导致了一个欧阳修不曾预料到的后果：因为他自己后来也成了北宋文坛盟主，成了别人模仿学习的榜样，而后人在汇集欧阳修的手稿时，常常就分辨不清哪些词作是冯延巳所写，而哪些词作的著作权应该归属欧阳修，因此冯延巳词与欧阳修词混杂现象很严重。例如最为有名的这首《鹊踏枝》（又名《蝶恋花》）就既见于冯延巳的词集，亦被收入欧阳修的词集：

> 庭院深深深几许，杨柳堆烟，帘幕无重数。玉勒雕鞍游冶处，楼高不见章台路。　　雨横风狂三月暮，门掩黄昏，无计留春住。泪眼问花花不语，乱红飞过秋千去。

　　这是一首非常典型的春怨词，词的上片主要是写一个闺中女子期盼自己的情郎。在一个杨柳迷茫、暖日含烟的暮春时节，深闺中的女子在这深深的庭院之中，思念着她那位游冶在外、杳无音讯的意中人。层层帘幕阻挡了女子渴望追随情人而去的脚步，而重重高楼也切断了她遥望情郎身影的视线。女子只能无助地倚在闺阁的门前，看暮春黄昏的风雨交加，摧残了庭院中盛开的繁花，空荡荡的秋千旁乱花飘零，再一次激荡起女子内心强烈的惜花伤春之意——她的惜花伤春又何尝不是对自己爱情失落、青春逝去的哀叹呢！

　　春恨闺怨原本是唐宋词中最常见的主题之一，由于词体香艳软媚的文体特征，天生便具有一种女性化的阴柔特质，而春恨也多半是女性或者男性词人借女性的口吻，抒发对时光流逝、青春不再的无限感慨。这首《鹊踏枝》词同样是以女性口吻抒发的闺情春恨为情感基调，缠绵悱恻，哀感顽艳，堪称词之本色表现的典范。

因为这首词写得太好，无论将其著作权归属冯延巳还是欧阳修似乎都说得过去，例如李清照就曾在其《临江仙》词序中说"欧阳公作《蝶恋花》，有'深深深几许'之语，予酷爱之……"这说明李清照在欧阳修词集中曾经读到了这首词，并认可了欧阳修的著作权。

但李清照也有犯错的时候。值得注意的是，北宋陈世修于 1058 年编订冯延巳《阳春集》时，欧阳修仍然健在，时年五十二岁。以他对冯延巳的喜爱程度，他一定是会仔细阅读"偶像"的词集，并将其置于案头经常欣赏的。如果他看到自己的词作居然被误收入冯延巳的词集，那他一定会提出抗议并要求改正。然而欧阳修从未对冯延巳的著作权提出过任何疑问，这说明连欧阳修自己也承认《鹊踏枝》应是冯延巳的作品。

另外一个很有说服力的证据是，王国维的儿子王仲闻曾发现一份极有价值的文献：北宋人崔公度曾经见到过冯延巳的亲笔手稿，其中就有这首《鹊踏枝》，而且崔公度还在冯延巳词集后面写了一篇跋，明确提出冯延巳有不少作品都被误收入欧阳修《六一词》中了。

崔公度曾受到欧阳修的大力提携，欧阳修应是他的恩人，他们之间交往十分密切，崔公度如此肯定这首词的著作权应该归属冯延巳，当无疑问。

尽管这首大家都如此喜欢的"庭院深深深几许"并非欧阳修所作，但我们也无须感到遗憾和失望。因为欧阳修虽然确曾花费了大量工夫学习冯延巳，但在词史上他的价值与贡献丝毫不逊色于冯延巳，而是青出于蓝而胜于蓝，在模仿和继承的基础上，他创立了自己的风格，奠定了他在词史上不可替代的重要地位。

天圣九年（1031），欧阳修到了西京任上，宋代的西京是指洛阳，相当于东京汴京城的陪都。欧阳修在西京的时候，与梅尧臣、尹洙等人关系特别好，几位大文豪常常聚在一起，饮酒高歌。明道元年（1032），梅尧臣到洛阳，好友欢聚的快乐，重游故地的浪漫，促成了欧阳修这首经典名篇《浪淘沙》词：

把酒祝东风，且共从容。垂杨紫陌洛城东。总是当时携手处，游遍芳丛。　　聚散苦匆匆，此恨无穷。今年花胜去年红。可惜明年花更好，知与谁同？

词之开篇"把酒祝东风，且共从容"化用了晚唐司空图《酒泉子》"黄昏把酒祝东风，且从容"句，但欧阳修信手拈来的前人典故却不落痕迹地契合着当下的场景：他和梅尧臣把酒言欢，在这个春意盎然的时节，兴致勃勃的他多么希望东风的脚步慢一点，从容一点，能让垂柳依依、紫陌萋萋的洛阳东郊多享受几天美好的春情春意。尽管这是他和朋友们熟悉的旧地，但越熟悉的地方，越承载着他们共同的温馨记忆，这是一个从来不需要想起、也永远不会令人厌倦的地方。"游遍"二字，实实在在传递出词人对于友谊的无限珍重。

然而天下无不散的宴席，换头"聚散苦匆匆"一句将好友相聚的场景再现转入离情依依的抒情。美好的时光那么短暂，转眼就到了离别的时刻。自古以来离别之恨最让人黯然销魂，而聚少离多的状态更添无穷伤感……这已不仅是欧阳修和梅尧臣两个人之间的离恨，而是上升到了自古及今人世间最普遍的一种情感。春去春还会再来，花谢花还会再开，甚至一年一年花儿都会比前一年更娇艳，可是有情之人却不能像无情之花一样没心没肺地盛开。"可惜明年花更好，知与谁同？"明年的"你"，还会再来此地与"我"一起赏花踏春吗？谁又能知道，明年的"我"将身在何处？又会和谁一起赏花饮酒，填词唱和呢？

短短一阕小令，勾连了过去的回忆、当下的欢乐与未来的渺茫，从友谊的深厚，引发惜春惜时的感慨，再提炼出聚散匆匆、人生长恨的怅惘，不能不让人佩服一代文宗欧阳修的情感之深、才学之富与技巧之高。

在欧阳修的词中，"时间"确实是一个得到高度关注的主题。而且欧阳修尤其擅长将"时间"置于今昔对比的"时间流"中进行观照，并且将他对时间的抽象认识具体化到词的传统题材——爱情之中，既凸显出在时间的强大面前人的渺小与脆弱，也强化了人试图与时间相抗衡而产生的悲剧力量，不离词之言情本色，却又升华出对时间的理性认识。例如这首尤为著名的《生查子·元夕》：

> 去年元夜时，花市灯如昼。月到柳梢头，人约黄昏后。
> 今年元夜时，月与灯依旧。不见去年人，泪满春衫袖。

这首词写的是元夕，也就是元宵节。宋代的元宵节，是一个很特别的节日，有元夜观灯的习俗，男女老少几乎是倾城而出观赏花灯，甚至连平时足不出户的贵族女子，也可以在这一夜徜徉于灯市之中，热闹与喧嚣彻夜不绝。许多朦胧的爱情故事也发生在这个繁华浪漫的夜晚。元宵节堪称中国传统的"情人节"。欧阳修的这首《生查子》便暗含了这个节日特殊的爱情寓意。

词的上片是回忆。去年的元宵之夜，街上的花灯亮如白昼，争奇斗艳，"我"却无心赏灯，只是焦急地等待着黄昏之后、月上柳梢的时刻——因为那是"我"与"她"约定的相聚时间。在"我们"相会的一刹那，那满街的花灯与观灯汹涌的人潮全都隐约成了若有若无的背景。

那一刻，"我"的眼里只有"她"；

那一刻，元宵节只属于"我们"两个人；

那一刻，"我"和"她"就是整个世界。

今年的元宵夜再一次如约而至，月色依旧清澈如水，花灯依然闪烁明亮，"我"依然在那个老时间、老地方焦急等待着"她"——然而，这一次，她没有如约而来。

月亮逐渐沉落，灯火逐渐阑珊，茕茕独立的"我"，在时间一点点的流逝中，感受着从失望到绝望的情绪变迁，不知不觉，泪湿衣袖，痛满心间。

这首词并不能视为欧阳修的亲身经历，也许他只是借元宵节的爱情内涵表达一种幸福与失意的心理落差。"月到柳梢头，人约黄昏后"的缠绵缱绻，"不见去年人，泪满春衫袖"的凄凉幽怨，"依旧"的执着守候，"不见"的悲哀结局，在词人仿佛毫不刻意的描述中，却生生被对比成了难以言说的心痛，可谓语淡情深。爱情的外衣包裹着的仍是时间记忆的刻骨铭心。

景祐元年（1034），欧阳修在西京任满，五月，经王曙推荐，再赴京师试学士院。对于欧阳修来说这是一个绝好的机会，甚至是他通向馆阁大臣的唯一途径。欧阳修凭借自身的才华，通过了学士院的考试，授宣德郎、试大理评事兼监察御史、充镇南军节度掌书记、馆阁校勘。这一切，对于二十八岁的欧阳修来说，算是在仕途上进了一大步。

在此期间，欧阳修与范仲淹关系甚密，参与支持时任开封知府的范仲淹的改革，但也因此而得罪了当时的宰相吕夷简，范仲淹被贬，欧阳修自然也受到牵连，被贬为夷陵（今湖北宜昌）县令。景祐三年（1036）十月，欧阳修带着母亲来到了夷陵。

康定元年（1040），四十岁的欧阳修奉命调回京城，继续充任馆阁校勘。庆历三年（1043），欧阳修参与范仲淹等人推行改革——"庆历新政"，任右正言、知制诰。

宋仁宗年间，北宋经济文化的繁荣富庶达到了新的高峰，但在繁华的表象下却掩藏着内忧外患的隐忧：外有边境上西夏和辽的不断侵扰；内部则贪污腐败、冗官冗员的现象日益严重。这些问题若任其蔓延泛滥，必将侵蚀整个国家的机体。出于对国家前途的忧患意识与使命感，范仲淹等人力倡政治改革，推行"庆历新政"，欧阳修成为改革派的坚定支持者与参与者。然而改革必然对守旧派的既得利益形成威胁，新政不久便在反对派的干扰下宣告失败，范仲淹被罢免，改革派的骨干相继被贬。

在风声鹤唳的政治形势下，别人唯恐牵连到自己，欧阳修却挺身而出，仗义执言，上书为范仲淹辩解，再一次触动了反对派敏感的"神经"。为了罗织欧阳修的"罪名"，他们甚至不惜编造出一个极为荒唐的故事：居然说欧阳修和他的外甥女关系暧昧。欧阳修身正不怕影子歪，朝廷再三调查，自然知道这是无中生有的恶意中伤。但朝廷仍然找了一个别的理由将欧阳修贬往滁州，后改扬州，著名的散文《醉翁亭记》即是写于滁州。这一年是庆历五年（1045），这一次外放，前前后后竟然持续了十年，一直到至和元年（1054），四十八岁的欧阳修才被召还朝。

纵观欧阳修的一生，他的仕途生活尽管遭受过贬谪，但他也在嘉祐五年（1060）拜枢密副使，次年任参知政事，算是到达了"公务员"序列的最高峰。这种起起落落的政治生涯，似乎让他对于人生和官场的理解更加深刻。

嘉祐元年（1056），好友刘敞出守维扬（今江苏扬州一带），欧阳修在府中为其设宴饯行，作《朝中措》（送刘仲原甫出守维扬）词赠别：

平山栏槛倚晴空，山色有无中。手种堂前垂柳，别来几度春风。　　文章太守，挥毫万字，一饮千钟。行乐直须年少，尊前看取衰翁。

在欧阳修之前，以词这种文体来赠别友人是极为少见的。晚唐五代以来，词中的离愁别绪虽多，但主要是男女之间的相思离别，甚少用来饯别友人。欧阳修首开词体之文人饯别之先河，从这个意义上来讲，欧阳修进一步扩大了词的功能。

这位即将出守维扬的友人，叫作刘敞，字原甫，他即将到扬州去做地方官。八年前，欧阳修也曾经在扬州做过一段时间的知府，并且对扬州留下了美好而深刻的回忆。

因此，词一开篇，欧阳修就大笔如椽地挥洒出他记忆中八年前的扬州：那里有他当年依山而建的平山堂，若是天气晴好，站在平山堂上，可以眺望远处重叠起伏的山丘。

"山色有无中"，引用了王维《汉江临眺》诗句"江流天地外，山色有无中"，然而置于这首词中并没有丝毫违和之感，仿佛远处若隐若现的朦胧山色为平山堂的视野平添了几分美感。

这句词还引出了文坛一桩小小的公案：当时有人就说了，欧阳修恐怕是近视，否则平山堂地势那么高，山色当在一览无遗之中，怎么可能还会朦朦胧胧看不清呢？当然，近视本身并不是一件羞耻的事情，可是，这个说法提出来之后，很多"粉丝"都为他鸣不平。例如欧阳修的学生苏轼就站出来为老师辩解，他说："所谓的'山色有无中'一定是在烟雨蒙蒙的天气。在烟雨凄迷时看远处的山峰若隐若现、若有若无是多么诗意的美景啊。"

但是，诸位别忘了，欧阳修的第一句写的便是"平山栏槛倚晴空"，明明是晴天，而苏轼非要把它说成是烟雨天，只是想证明他敬爱的欧阳老师没有近视吗？

其实，撇开对王维原句的化用不谈，平山堂的地理位置非常特别，从平山堂"负堂而望，江南诸山，拱列檐下"（王象之《舆地纪胜》），能够清晰地见到附近山色是毫无疑问的；而平山堂建筑"壮丽为淮南第一，堂据蜀冈，下临江南数百里，真、润、金陵三州，隐隐若可见"（叶梦得《避暑录话》），那么远处山色的隐约朦胧亦在情理之中。实在既无须借江南烟雨为欧公辩护，也无须凭此句佐证欧公的近视。

平山堂如此壮观，到底已是八年前的回忆了。在欧阳修的想象中，八年之后，平山堂的风景应该并无沧桑巨变，但堂前亲手种下的垂柳，经历了几度春风，如今应已树干粗壮、浓荫蔽地了吧？

词的上片是欧阳修回忆扬州往事，下片转回赠别主题。

八年之后，好朋友也要到扬州任职，他对好友的欣赏与寄望都是发自肺腑的。"文章太守"是赞誉刘敞的博学多识与文采风流；"挥毫万字"是称赞刘敞的才思敏捷与下笔如神；"一饮千钟"则是称许刘敞的酒量与豪爽。这倒并非欧阳修的夸张与过誉，刘敞确实当得起这样的表扬，欧阳修也多次表达过对刘敞学识的服膺之情。

如果说对好友的赞美是赠别词的题中应有之义，那结尾两句"行乐直须年少，尊前看取衰翁"则话锋一转，流露出人生苦短、告诫友人及时行乐的意思：你看你还那么年轻，又那么有才，到了扬州那样风流浪漫的地方，一定要抓紧时间好好享受，可千万别像我这把老骨头一样，蹉跎到了老迈衰病之年才徒唤奈何啊！

乍一看来，这首词从起句的开阔洒脱、颇具疏隽豪逸之气，到结句的消极颓废，情绪的转折似乎令人难以捉摸。尤其是最后两句，友人出京履新（就任新职），无论如何是值得庆祝的事，饯行宴上应该祝他前程似锦、飞黄腾达，或者应该劝他勤政爱民、清正廉洁才是，怎么反而劝人及时行乐呢？这似乎不应该是欧阳修的一贯作风啊！

其实结合欧阳修的生平经历与此词的创作背景，欧阳修此时的心态并不难理解。

首先，此时的欧阳修虽然刚刚五十岁，但身体状况很不如意。词中"衰翁"并非自谦，也并没有夸张：除了早年就有的眼疾之外，中年以后又添了不少疾病，这一年他还因为身体欠佳辞去了翰林学士的职务。衰老与疾病的交相逼迫，令欧阳修对于人生的态度亦有了与古人一样"生年不满百，常怀千岁忧。昼短苦夜长，何不秉烛游。为乐当及时，何能待来兹"的感慨。看上去消极颓废，实则触及了极具悲剧色彩的时间意识与生命意识。

其次，在欧阳修的年代，词大多只是歌宴酒席中的侑酒助兴之作，它与言志之诗与载道之文不同，无须承担起家国抱负和宏大志向，而更倾向于游戏笔墨。"游戏作小词"是这一时期绝大多数词人的创作常态，欧阳修也不例外。因此那些在诗文中承载的大道理在小词中则难觅踪影。词的创作场景，相对正统诗文更呈现出一种"任性"和游戏的形态。因此，欧阳修在赠别好友的私宴上，实在不必用那些高大上的道理、板起面孔来教训他即将远行的友人。

再次，既是私宴，又是游戏小词，面对的亦是多年好友，则欧阳修当然可以用更为放松的心态，将他大半生浮沉宦海、蹉跎岁月和朝廷党争不断的种种郁闷，毫不掩饰地流露于笔下，并付诸吟唱。

最后，亦无须为欧公讳言的是，年轻时的欧阳修其实一直是一个颇有游赏豪兴的文人。当年在平山堂竣工之后，欧阳修经常呼朋唤友去宴乐游玩，喝酒行令，有时甚至通宵达旦：

> 公每暑时辄凌晨携客往游，遣人走邵伯取荷花千余朵，插百许盆。与客相间，遇酒行，即遣妓取一花传客，以次摘其叶尽处则饮酒，往往侵夜，载月而归。（叶梦得《避暑录话》）

大概也只有欧公才能将花间酒令行得如此风雅有趣吧！

只是，八年前的欧阳修还正当壮年，故有如此雅兴与精力作此彻夜赏玩。此后其身体每况愈下，年届半百的他已是自称"衰翁"，大概即便想要重温当年的豪兴已不可得，故而感慨万端地寄语年轻一辈：劝君惜取少年时吧！

　　当然，毕竟是文坛一代宗师，"欧阳公虽游戏作小词，亦无愧唐人《花间集》。"（罗大经《鹤林玉露》）即便是偶尔游戏为之，其深厚学识、阅历与超迈性情亦不经意贯注其中，因此欧阳修的词作大多一出手便成经典，例如《采桑子》系列组词就是如此。

　　仁宗皇祐元年（1049），欧阳修从扬州移知颍州（今安徽阜阳），这应是欧阳修第一次以地方父母官的身份涉足这个地方。虽然他此前任职的扬州浪漫风情举世闻名，然而欧阳修并未觉得颍州比扬州逊色。颍州给他的第一印象便是民风淳朴，物产饶美，土厚水甘，风气醇和，他几乎是第一眼就爱上了这个地方。

　　更妙的是，扬州有风情万种的瘦西湖，颍州也有一个西湖，旖旎柔美不在瘦西湖之下，在他眼里别有一番动人的风韵。

　　人与人之间的交往讲究缘分，人与地方之间的缘分有时也有难以言说之妙。阅尽天下美丽风光的欧阳修偏偏对颍州一见钟情，甚至产生了以后退休就在颍州买田养老的打算。他还很是认真地和至交好友梅尧臣商量，想约上好友一起在颍州买地，以备终老之所。这并非少年意气一时冲动之后的决定，这时的欧阳修早已过了不惑之年，仕途的沉浮、朝局的动荡、个人命运的辗转让他对世事有着洞若观火的清晰认识，对于颍州的喜爱既有一见钟情的偶然，也有日久生情的必然。

　　皇祐元年来到颍州任知州时，欧阳修四十三岁，虽然正值壮年，但他的身体却越来越衰弱，须发斑白，尤其还被日益严重的眼疾所困扰。年轻的时候，欧阳修就已经有比较严重的近视，那个年代的医疗技术对眼疾并无特别有效的治疗方法，随着年龄的增长，更是视物模糊，老感觉眼前如雾里看花，还似乎有飘动的小黑影，据说现代医学将这种症状的疾病称为"飞蚊症"。

政治上的打击，身体疾病的长期困扰，让欧阳修更加渴望有一个宁静的修养身心的环境，能让他安定下来，从无谓的朝廷纷争中解脱，专注地投身于学术研究与文学创作中去。

美丽的颍州西湖就是在这样的心境中拨动了动极思静的欧阳修的心弦，他甚至欢喜地说："都将二十四桥月，换得西湖十顷秋。"（《西湖戏作示同游者》）瘦西湖上二十四桥明月夜的无限风光，换成了眼前颍州西湖的碧波粼粼，显然欧阳修对颍州西湖的喜爱还在扬州瘦西湖之上。

颍州西湖的美，其实并非欧阳修一人的发现。他的学生苏轼在游赏过杭州、颍州等地的西湖后，也不禁发出了"未觉杭、颍谁雌雄"的感慨，连他都分辨不出杭州与颍州的西湖谁更风姿绰约。

在伟大的自然风光面前，伟大的文学家和普通人的区别在于，普通人只能将自然之美停留在个人的感受之中，而伟大的文学家却能用文字将伟大的自然风景凝练、升华，并赋予其独特的个性情怀与历史内涵，让自然之美超越时间与空间的局限，成为永恒的经典。

　　颖州西湖就是带着这样独特的魅力走进了欧阳修的生命，并且成了欧阳修笔下的经典。皇祐二年（1050）七月，欧阳修改知应天府（今河南商丘），但第二年他的母亲去世，欧阳修立即从应天赶回颖州。在护送母亲灵柩回庐陵安葬之后，他再度回到颖州。从皇祐元年（1049）第一次出知颖州开始，欧阳修就在千方百计再续与颖州的缘分。

　　皇祐四年（1052）三月到皇祐五年（1053）冬，在颖州近两年，为母亲守丧。

　　熙宁元年（1068）九月，开始在颖州营建退休后的居所。

　　熙宁三年（1070），欧阳修致仕心意已决，八月当他转任蔡州的时候，特意经过颖州，并在此逗留了一个多月，他宣告：这就是他即将养老的地方了。他还为自己取了一个号——六一居士。

　　于是有人问他："为什么叫'六一'呢？"

　　欧阳修回答："我有藏书一万卷、《集古录》一千卷、琴一张、棋一局、酒一壶。"

　　人家追问："这才五个一啊。"

　　欧阳修笑答："还有我这个白胡子老头，在这五样东西间慢慢变老，不就是六个一了吗？"

　　熙宁四年（1071）六月，六十五岁的欧阳修以观文殿学士、太子少师致仕，七月初到达颖州，真正在颖州西湖畔安顿下了他的身心。九月，他最得意的学生苏轼、苏辙兄弟专程来颍州看望恩师，又在这里陪伴他度过了二十多天畅游西湖、畅谈世事和文学的美好时光。这也是欧阳修与弟子苏轼、苏辙兄弟的最后一次相聚。熙宁五年（1072）闰七月二十三日，六十六岁的欧阳修在颍州去世。

多亏了欧阳修对颍州这一份特别的情意，才使得颍州西湖的美凝定成超越时空的不朽经典。欧阳修曾经多次赋诗著文赞美颍州风景，即便是在他离开颍州的日子里，也对此念念不忘。尤其是他前前后后一共写了十三首《采桑子》词，不厌其烦地描写颍州西湖之美与他屡次游赏西湖的不同心情，几乎每一首都反映出颍州西湖不同时节不同侧面的美。其中第四首这样写道：

> 群芳过后西湖好，狼藉残红，飞絮濛濛。垂柳栏干尽日风。　　笙歌散尽游人去，始觉春空。垂下帘栊，双燕归来细雨中。

这阕词着眼的是颍州西湖的暮春景色。词人显然是回避了春天百花争艳的繁华景象，而特意等到百花零落、游人散尽的时候，他才信步来到西湖边。映入他眼帘的是微泛涟漪的西湖，吹了一整天的风，此刻已是落花满地，濛濛的柳絮在和风中飘飞，那是一幅看似纷乱却纯任自然的景象。暮春与黄昏的叠加，让暮年的词人感到了一种落寞与孤独——但千万别误以为欧阳修会在这种落寞与孤独中伤感沉沦，其实他最为享受的恰恰就是此刻的空灵与寂静。人潮汹涌、百花盛开的繁华景象他早已经历过，他等待的就是繁华落尽之后，用一种平和恬淡的心境，去体味颍州西湖自然清新的独特韵味。当他在轻飘飘的春雨中回到家中，放下门窗的帘子，在偶然的抬头一瞥中，他看到去年熟悉的那一双燕子又穿透春风春雨，飞回到屋檐下来筑巢了——原来不止是词人眷恋颍州，连燕子也将这里视为温暖的家啊！

在欧阳修的《采桑子》系列组词中，这不是人头攒动、充斥着喧嚣与嘈杂的无数游人眼中的颍州西湖，这不是一个万人追捧的热门旅游景点，而是伟大的自然与一个伟大的词人心灵对话、共同创造的独一无二的颍州西湖。

在《西湖念语》中，欧阳修曾这样形容他与颍州西湖的情缘："并游或结于良朋，乘兴有时而独往""至欢然而会意，亦傍若于无人。乃知偶来常胜于特来"。

原来，欧阳修与西湖的情意也是如此纯任自然的，和好友一起游赏，或是一个人独来独往，或是偶然乘兴而去，他都能欣然有所会意。因为他来或是不来，颍州西湖都在那里，而且从来不曾让他失望。

第六讲

彩云易散，明月情长——晏几道

彩云易散，明月情长

——晏几道

晏几道（1038—1110），字叔原，号小山，晏殊第八子，宋仁宗宝元元年（1038）四月二十三日出生于汴京（今河南开封）①，卒于宋徽宗大观四年（1110）九月②，终生陆沉下位。其词集初名《乐府补亡》，后以《小山词》传世，存词约 260 首。

晏几道出生的时候，他的父亲晏殊四十八岁，自知陈州召还汴京，为御史中丞、三司使，并在此后几年一直升迁至中书门下平章事兼枢密使。作为北宋初年的著名宰相，又是当时德高望重的大文豪、词坛领袖级人物，晏殊为晏几道营造了一个充满贵族气韵的成长环境。前人曾经评价说小山词

---

① 晏几道生年争论见第 61 页。
② 一说卒于 1106 年。

"如金陵王、谢子弟，秀气胜韵，得之天然"（王灼《碧鸡漫志》），这就是说晏几道好比东晋时期的世家大族王导、谢安两家的子弟，身上的贵族气质是"得之天然"，与生俱来的。

在北宋词坛，父子词人能够齐名的唯有晏殊、晏几道，因此他们被称为"二晏"，或者以"大晏""小晏"区分之。

庆历四年（1044）九月，晏殊罢相，以工部尚书知颍州，晏几道此时仅五岁，随晏殊离开汴京，历经陈州、许州、永兴军（今陕西西安）、河南，至仁宗至和元年（1054）六月晏殊以疾归京师，离开汴京大约十年。回到汴京以后，仁宗念晏殊是东宫旧臣，对他特别优待，并赐晏几道太常寺太祝（正九品，负责祭祀）一职。

至和二年（1055）晏殊去世，十八岁的晏几道才刚刚成年，晏家由此开始逐渐衰落，不谙世事的晏几道可能直到这时才慢慢体会到世事艰难，人情凉薄。

举个例子，晏殊有一个来往很密切的属下叫韩维。晏殊去世后，晏几道曾经监颍昌（今属河南许昌）许田镇，恰好韩维是他的顶头上司。一直辗转在底层小官吏职位上的晏几道，此时已是穷困潦倒，迫于生计，晏几道将自认为平时写得比较得意的词作整理了一下，"打包"呈给韩维，希望能够得到韩维的赏识。可是韩维看完这些作品后，回信说："看了你近来创作的新词，感觉你是才有余而德不足啊。希望你能够用多余的才华，来弥补你品德的不足，千万不要辜负你父亲老手下的一番殷切期望啊！"

　　呈献新词是晏几道做过的最"天真"的事情之一。我们现在读唐诗宋词觉得是一件很高雅的事，可是在北宋的时候，词就是大家平时随口哼哼的流行歌曲，所谓"靡靡之音"，主题也无非是爱情、相思之类，根本不能登大雅之堂。例如北宋初年钱惟演就这样说过："坐读经史，卧读小说，如厕阅小词。"他的本意是说读书勤奋，连上厕所的时间都不放过，抓紧一切时间读书。不过书也是分级别的，"小词"这种不上档次的娱乐休闲读物还是留着上厕所的时候随便翻翻吧。这种态度代表了北宋文人对待小词的基本倾向。所以韩维看到晏几道居然一本正经地把"流行歌曲"当成宝贝呈献给自己看，难怪他会认为晏几道真是不务正业，简直辜负了他父亲和父辈朋友们的希望。如果晏几道认真写几篇策论，好好分析一下国家大事、边防形势、国际新闻，再提出几条卓有见识的对策，那韩维对他的印象或许就大不一样了。

　　一个小小的监官敢把自己平时随便哼哼的"靡靡之音"献给上司，这充分证明了晏几道的天真"无知"。既然连父亲从前的属下都不肯提携自己，晏几道也是一个傲气的人，从此就断了这样的念头——他不愿意为了迎合权贵而改变自己的天性。从这件事也可以看出，晏几道实在是继承了父亲晏殊诚实到甚至有些固执的性格特点。

黄庭坚在给好朋友晏几道的词集写序的时候就说过他平生有"四痴"："仕宦连蹇，而不能一傍贵人之门，是一痴也；论文自有体，不肯一作新进士语，此又一痴也；费资千百万，家人饥寒，而面有孺子之色，此又一痴也；人百负之而不恨，已信人终不疑其欺己，此又一痴也。"（《小山词序》）

这四痴的大意是：

第一痴，当时身处高位的那些达官贵人，有很多是晏殊的门生故旧。按理说，提携一下恩师或恩人的儿子应该是情理当中的事，但既然晏几道不主动去巴结他们，这些深谙官场游戏规则的人自然不会自找麻烦，主动想办法来提携他。这意味着他在仕途上不可能有发展前途，由此也可见晏几道性格中的傲气。

第二痴，坚持自己的独立见解，对当时文坛中时髦的论调他不肯苟同，不屑于去附和，这就是所谓的"不肯作一新进士语"。大家都一窝蜂在"朋友圈"转发的信息，他就是特立独行，不肯转发，也不肯凑热闹做一个"点赞党"。这意味着他将很难交到朋友。

第三痴，行侠仗义，挥金如土，即便曾经拥有千万家财，最终也只落得个"家人饥寒"。这意味着他帮助别人不遗余力，自己一家人却陷入了生活的极度困顿。

第四痴，别人一次又一次欺骗他背叛他，他从来都不恨人家，认为他把别人当朋友，别人也会和他一样赤诚相待，没有防人之心，包括对小人。这意味着他很可能会频频受到伤害。

黄庭坚评价晏几道的这"四痴"，其实概括起来就两个词：单纯和傲气。他的单纯和傲气主要体现在两个方面：

一是不懂政治斗争的复杂和残酷。举个例子。晏几道成年之时，正是王安石推行新法如火如荼的时候。王安石变法的目的是为了富国强民，但在变法实施的过程中，新法被很多心术不正的人利用，对老百姓反而多有伤害。因为有皇帝的支持，王安石又是一个很强势的宰相，因此很多人明知新法的弊端，也不敢直言批评。

宋神宗熙宁七年（1074），河北、陕西等地遭遇大旱，有一个叫郑侠的人胆大包天，绘制了一幅《流民图》，将大旱及新法造成老百姓流离失所的惨状用图画的形式表现出来，奏请朝廷罢除新法。王安石因此被罢相。郑侠又绘制了一张《正直君子邪曲小人事业图迹》，批评讽刺变法的第二号人物吕慧卿。吕慧卿可没有王安石那么正直，马上给了郑侠颜色看：将郑侠逮捕入狱，并且开始大肆株连其所谓的同党。

晏几道这个人脾气很怪，达官贵人他不去巴结，偏偏和这个身份地位很低微的郑侠相当投契。两个人都极具正义感，又经常诗词唱和。于是因在郑侠的家中搜出了晏几道与郑侠唱和往来的诗篇，晏几道也被当成郑侠的同党逮捕入狱。虽然后来晏几道被释放，但从这次事件可以看出，他几乎完全不懂政治斗争的复杂。

二是不通人情世故，尤其不肯结交达官贵人。晚年晏几道在汴京居住，当朝的权臣蔡京曾经在重阳节和冬至的时候，慕名托人向晏几道索要新词。晏几道虽然不得已写了两首词，可是其中没有一个字提到蔡京，更不要说奉承蔡京几句了。当时的晏几道生活已经极度困窘，但傲气却一如当年。

宋哲宗元祐三年（1088），苏轼曾经请他的学生黄庭坚代为传达他想要拜见晏几道的愿望。以苏轼当时的名望，他想去拜访谁，那人多半是要受宠若惊、欣喜若狂的。没想到，晏几道听了黄庭坚的传话以后，只是冷冰冰地回了一句："今日政事堂中半吾家旧客，亦未暇见也。"这句话的潜台词是：现在朝廷中当权主政的人，多半是我们家原来的门生旧客，连他们我都没时间见，哪里有空见你这个小辈呢？（陆友仁《砚北杂志》卷二）

这个时候的苏轼，论年龄，已经年过半百；论地位，早已经是名满天下的文坛盟主、政坛要员。好多人都绞尽脑汁争着想去见他一面，可晏几道偏偏架子却大得很，连鼎鼎大名的苏轼都吃了他的闭门羹。

晏几道在苏轼面前都表现得这么傲气，其实也并不奇怪——尽管从年龄上看，他和苏轼差不多。苏轼生于1037年，卒于1101年，晏几道可以说是苏轼的同龄人。但是，从辈分上看，他又确确实实是苏轼的前辈。因为苏轼是欧阳修的门生，欧阳修出自晏殊之门，而晏几道正是晏殊的儿子。这样算起来，晏殊是苏轼的师爷爷，晏几道则是苏轼的师叔。因此，苏轼对这位年龄相仿的小师叔是比较尊敬的。晏几道呢，也不妨在大名鼎鼎的苏轼面前拿出长辈的架势来。

我在这里讲这个小故事的目的，并不是要说明晏几道在苏轼面前搭架子"倚老卖老"，而只是借这个故事来说明：一个连苏轼都不愿意见的人，可想而知，他对这个现实世界的态度不是敞开心扉，积极融入，而是心门紧闭，拒绝接受。外面的世界无论多精彩，都与他无关。

晏几道，不是一个活在"现在"的人，而是一个活在"过去"的人；他的词，也是在不断追忆过去。比如这首《临江仙》就是以追忆为主体的代表作：

> 梦后楼台高锁，酒醒帘幕低垂。去年春恨却来时。落花人独立，微雨燕双飞。　　记得小蘋初见，两重心字罗衣。琵琶弦上说相思。当时明月在，曾照彩云归。

"梦后楼台高锁，酒醒帘幕低垂。"起首两句并非追忆，"梦后""酒醒"这两个动作都只是为了说明一个现象：从梦中醒来和从宿醉中醒过来，都是从迷离恍惚的状态当中突然被拉回到清醒的现实。词人睁开双眼见到的现实是怎样的情景呢？

是"楼台高锁""帘幕低垂"。门窗紧闭的楼台，静静低垂的帘幕，似乎有两层意义的指向：一层是实指，说明这处楼台不是那种宾客盈门、充满欢歌笑语的热闹场所。是啊，连苏轼这样的人都敲不开晏几道紧闭的门，可以想见，能够踏入这座楼台的人一定是少之又少了。另一层是虚指，人迹罕至只是表象，其实质则是这座楼台的主人内心的孤独寂静。不是没人进入这座楼，而是没人能够进入他的心。

明白了这两层含义，再进一步仔细琢磨，我们还可以发掘出这两层含义下隐藏得更深的情绪：词人为什么会沉醉于梦中，沉醉于酒中？

只有一个合理的解释：梦中和醉中的世界和现实是不一样的。梦中、醉中的世界是那样的繁花似锦，令人流连忘返，现实却是寂寞的楼台、寂寞的人。正因为现实和梦境的落差如此之大，只有"梦"和"酒"才会变成词人借以逃避现实的常用手段。

只可惜，梦也好，酒也好，对现实的逃避只能是暂时的。词人不得不面对的现实，总是在梦醒和酒醒过后，残酷地回到他的眼前。

这个残酷的现实就是：孤独、伤心。

"去年春恨却来时。"现实中又是一年的春天了，去年曾经扰乱词人内心的"春恨",今年又继续成了不速之客。一年一度的春天,一年一度的春恨,这是词人拼命借做梦、借醉酒想要摆脱的孤独情绪,但摆脱的结果是什么呢?

是"落花人独立,微雨燕双飞"。仍然是孤独,仍然是伤心。

表面上看,"落花人独立,微雨燕双飞"是纯粹的景语。孤独的人,伫立在暮春飘零的落花中,在蒙蒙细雨中依稀看到燕子飞来。成双成对的燕子,仿佛恩恩爱爱的恋人,更加反衬出词人的孑然一身。

景语,同时也是情语。王国维说:"昔人论诗词,有景语、情语之别。不知一切景语,皆情语也。"(《人间词话》)情景交融,方为有境界之上乘之作。"境,非独谓景物也。喜怒哀乐,亦人心中之一境界。故能写真景物、真感情者,谓之有境界;否则谓之无境界。"(《人间词话》)显然,晏几道的词是当得上"境界"二字的。"燕双飞",是何等温馨的景,"人独立",又是何等忧伤的情!

"落花人独立,微雨燕双飞。"这两句词历来被认为是千古名句,例如清代词学家谭献就说这是"名句千古,不能有二"(《谭评词辨》卷一)。只不过,这千古名句的原创者并非晏几道。五代诗人翁宏的《宫词》(一作《春残》)云:"又是春残也,如何出翠帷。落花人独立,微雨燕双飞。寓目魂将断,经年梦亦非。那堪向愁夕,萧飒暮蝉辉。"翁宏诗的艺术价值较为平庸，其中的"落花人独立，微雨燕双飞"也被埋没在平庸中不为人知。这就像千里马和伯乐的关系，没有好的伯乐，千里马也只能和普通的劣马混在一起，看不出任何特别之处。

晏几道就是那个慧眼识珠的伯乐，"千里马"一经他的点化，给它一个可以纵横驰骋的平台，它就能立刻焕发出异彩。"落花人独立，微雨燕双飞"就是这样，看似信手拈来，却有点铁成金的妙用，一经放到这首《临江仙》词中，就点染成了一幅凄美绝伦的图画。

当我们还深深沉浸在这幅凄美图画中黯然神伤的时候，下片起首"记得"两个字，又将我们的思绪拉到了词人追忆中的过去。从上片的铺垫，我们可以想象，追忆中的过去，一定是和现实不同的另一番天地。那么，这个过去到底是什么样子的呢？我们继续来看下片。

"记得小蘋初见，两重心字罗衣。"这两句词里有一个关键词："小蘋"。这个关键词代表的是一个关键人物，也是晏几道追忆的重心。小蘋是一个歌女，不过，她可不是一般的青楼女子，而是当时贵族家庭里蓄养的艺人，她们的作用主要是用自己的才艺为贵族家庭带来休闲和娱乐的享受，并非从事商业性质的活动。她们的身份和地位，有点类似于《红楼梦》中贾府里家养的芳官等那些唱戏的女孩儿们。

显然，在晏几道的记忆里，小蘋并非一个普通的歌女，而是占据他情感深处的一个重要女子。大家可能有过这样的经验："人生若只如初见。"如果一种感情在你的心里足够深刻，那么不管你以后的人生还会有多少复杂的经历，"初见"的那一刹那在你的心里一定是永恒的，在任何时刻都一定是最清晰最难忘的。而人生中最美的"初见"，往往就是定格在你见到理想中爱人的第一眼上。

晏几道也是这样，当小蘋这样的女子第一次出现在他的视线中，她惊人的美貌、温柔的性情、动人的歌声、婀娜的舞姿，一定深深打动了他的心。可是，多年之后，当晏几道回忆起这一次"初见"的时候，他却没有铺张笔墨去描述小蘋的美貌，他只是淡淡地说了一句"两重心字罗衣"。他们相见的那一天，小蘋穿着的是一件薄薄的罗衫，衣服的领口处还绣着双重的"心"字。双重的心，那就是心心相印的意思啊。理解了这一层含义，我们就能读懂晏几道淡淡的词句背后深深的情了——那是一种一见钟情的震撼。

读懂了这一份震撼，我们也就能知道：为什么这么美的初见，在晏几道的追忆里，反复重现的不是小蘋美艳的容貌，而是定格为那重叠起来的"心字罗衣"呢？

这只能有一个解释：一见钟情也许与美艳的外表不无关系，但维系爱情绝不能仅仅依靠美艳的外表。

在初次见面的那个时刻，也许小蘋穿上一件绣着心字的罗衣只不过是一个偶然，但是在这个偶然的碰巧中，却开启了一场注定要心心相印、刻骨铭心的爱恋。而且，为了这场爱恋，晏几道将要付出一生的时间去追忆。

如果说"两重心字罗衣"只是词人追忆中的一个"断片"，那么，接下来的这句"琵琶弦上说相思"就把这个"断片"承载的记忆继续扩大、延伸了。词人从一见钟情的震撼，开始领略到了小蘋不平凡的魅力——这位温柔多情的女孩，还有着高超的琴艺。同样，晏几道的风流倜傥，一定也让情窦初开的女孩有了心跳的感觉。到底是女孩，她还有着初见的羞涩，你看她"犹抱琵琶半遮面"，只是用纤细的手指，轻拢慢捻，让琴声如泣如诉地从她的指尖流淌出来。琴声蕴含的情意，也只有心有灵犀的词人才能体会得到。

"两重心字罗衣"，是追忆中的视觉形象，"琵琶弦上说相思"，是追忆中的听觉感受。词人的视觉和听觉都停留在那个初见的美丽时刻，他多么希望，那一刻能凝固成永恒。

大家如果细心的话，会发现词人走笔至此，追忆出现了断层。什么断层呢？"琵琶弦上说相思"。我们都知道，相思通常发生在相爱却不能相守在一起的爱人之间，也就是我们现在常说的"异地恋"。而此刻，在词人的追忆里，他和小蘋还是处在初见时面对面的心动里，又何来"相思"？

这就是追忆和现实的不同了。现实的人生就像绵延不绝的水流，它不会在任何一个路口出现突然的停顿；追忆却往往是由无数个断片构成，这些断片是人们最愿意回想，或者是最摆脱不了的那些深刻印象。因此追忆常常是不连贯的，它可能出现"断层"，甚至还可能出现"错层"，也就是过去和现实的交错纠结，就像这句"琵琶弦上说相思"。

很显然，小蘋指尖流淌出来的琵琶声既凝固在了过去初见的那一刻，也延续到了词人伫立回想的当前。所谓"余音绕梁，三日不绝"，对晏几道来说，当初那情意绵绵的琵琶声，岂止是三日不绝，实在是一生不绝啊！

如今，琵琶声依然萦回在词人的耳边，但他听乐曲的情绪却不再一如往昔。在追忆的那个时刻，小蘋指尖的乐声，诉说的应该是脉脉含情甚至是倾心相许的爱慕。而"相思"则是词人回忆起琵琶声时的怅然若失。因此"琵琶弦上说相思"这一句，其实是追忆和现实的交错。是饱含情意的琵琶声通过回忆穿越了时空，回旋在当下词人的耳边，让如今孤独的词人咀嚼到了刻骨相思的悲痛。

能够穿越时空，能够在过去和今日的时空中交错的，除了追忆中的琵琶声，还有天空中的明月。初唐诗人张若虚在他的名篇《春江花月夜》中说："人生代代无穷已，江月年年只相似。"变化的是人事，不变的是明月。"当时明月在，曾照彩云归。"这又是追忆和现实的交错了。词人和小蘋的那一次初见，就是在明月如水的夜晚。当时的明月，和现在词人看到的明月还是一样的明月，但明月下的景象已经发生了翻天覆地的变化：那位像彩云一样的女子小蘋，也像彩云一样在风中飘散了，再也找不到她的芳踪了。

这一幕场景，既是追忆，也是现实。初见的那个晚上，当他们一见钟情之后发生了什么，我们无法知道，因为晏几道让这段记忆在词里出现了断层，他直接将追忆跳到了他们分手时候的依依不舍。他眼睁睁看着小蘋和他黯然告别，像彩云一样消失在他的眼前，却无力挽留。

用"彩云"这样的意象来代指小蘋，既暗示了小蘋的美丽，也暗示了小蘋的身份——她只是一个漂泊无依的歌女，就像彩云一样，随风去来，无法把握自己的命运。因此，"曾照彩云归"既是追忆中的场景，也是现实中的伤痛。在他们第一次相会后，小蘋告别离去，仿佛彩云一样从他的眼前消失，但那时候小蘋的离去只是一次短暂的分别，因为此后词人与小蘋还能拥有无数次美好的相聚。而如今的词人，正在经历的就是漫长得看不到尽头的离别和相思了。

明月还是当年的那轮明月，只是明月曾经照耀过的那抹"彩云"已经再也找不到了。

一首短短的小词，从现实的梦后酒醒，到追忆中的人生初见，再到现实与追忆交错的彩云飘散，我们跟着晏几道一起，完成了一次飘渺悠长的时空之旅。当我们行进到这段旅程的终点，也许我们也和词人一样，恍惚中只见彩云飘散明月依旧，早已经不知今夕何夕，不知身在何处了。

这就是追忆的力量。也许敏感的人心中都有这样一份隐痛：时间就像永不停息的车轮滚滚向前，被车轮碾过的人生只留下一个个再也连缀不起来的碎片和印记，岁月越走越远，连那些碎片和印记渐渐都被风化了——于是我们知道了，我们永远都回不到过去。但总有一种途径，可以让那些碎片或清晰或朦胧地重现，这个途径就是追忆。

追忆的形式也有两种，一种是睡眠时候无意识的梦境，一种是清醒时候下意识的回忆。从晏几道的"梦后楼台高锁"的"梦后"和"记得小蘋初见"的"记得"，我们可以得知，这两种追忆的形式，都是词人频繁利用来回到过去的途径。而且在追忆中，词人几乎是无一例外地利用了追忆的"过滤功能"：也就是他选择了只追忆过去最美好的那些"断片"，而过滤了那些庸常的甚或是不太美好的部分。

经过岁月拉长的距离，再经过记忆的选择性过滤，呈现在词人脑海中的过去，就成了一个纯美的世界。追忆越美好越纯情，就越衬托出现实的冷酷无情；越是沉溺于记忆，记忆对于现实就越是令人痛苦的一道道伤痕。

其实追忆从来都是传统诗人词人偏爱的主题，但晏几道无疑是其中典型的代表，对他来说，追忆"不仅是词的模式"，也不仅是"词所偏爱的主题"，甚至可以说，追忆就是他人生的基本模式。有人说，晏几道的《小山词》就是他人生和情感的一部"回忆录"，晏几道，是一个总是生活在过去的词人。

近人夏敬观曾说："叔原以贵人暮子，落拓一生，华屋山邱，身亲经历，哀丝豪竹，寓其微痛纤悲，宜其造诣又过于父。"（《映庵词评》）这一段话应该是比较中肯地概括了晏几道的一生和他的词。

"贵人暮子"说的是晏几道的贵族出身，然而，父亲晏殊的去世，成了晏几道人生的分水岭。"华屋山邱，身亲经历"，壮丽的建筑变成了贫瘠的土丘，经历了巨大的盛衰之变，晏几道对人生有了更悲凉的体悟。

这样的家族经历倒是很像《红楼梦》里的贾宝玉，而晏几道的个性气质也与贾宝玉极为相似：男人的世界实在是太复杂太污浊了，只有见了女儿家才觉得清净。男人要争权夺利，要尔虞我诈，只有女儿们远离了这些世俗的纷争，才会保持内心的童真和干净。因此，在屡屡受到现实打击和伤害的晏几道心中，他最愿意亲密相处的，还是那些清纯可爱的女子。

在晏几道的人生中，有四位女子是最令他难忘的，也是和他感情最深的红颜知己。这四位女子的名字分别是：莲、鸿、蘋、云。这首《临江仙》中写"记得小蘋初见"，小蘋就是这四位女子中的一位，也是晏几道频繁追忆的一位。除了《临江仙》之外，他还写过很多怀念小蘋的词，如"小蘋微笑尽妖娆"（《玉楼春》）"小蘋若解愁春暮，一笑留春春也住"（《木兰花》）……

　　跟很多词人的"泛爱"不同，晏几道的爱情是有特定指向的，词中频繁出现的这四位女子的名字，就是明证。

　　晏几道在自己写的《小山词序》中说："始时沈十二廉叔、陈十君龙家，有莲、鸿、蘋、云，品清讴娱客。每得一解，即以草授诸儿。吾三人持酒听之，为一笑乐。已而君龙疾废卧家，廉叔下世。昔之狂篇醉句，遂与两家歌儿酒使俱流转于人间。"沈廉叔和陈君龙是晏几道意趣相投的两个朋友，莲、鸿、蘋、云是他们家的四位歌女。当年，每当他们聚会的时候，总是会即兴写一些美丽的小词，就在席上交给这四位歌女去演唱，那是晏几道追忆当中最快乐最美好的一段日子。

　　"琵琶弦上说相思"，当年小蘋怀抱琵琶，轻声演唱的那首饱含情意的小词，也许正是晏几道专门为她写的心曲呢。

　　但，这一段快乐的时光，终于因为陈君龙一病不起、沈廉叔的去世而烟消云散了。几个朋友相继家道中落，莲、鸿、蘋、云不知流落何方。

　　莲、鸿、蘋、云，是承载了晏几道几乎全部美好过去的女子，她们如彩云般消散，芳踪杳杳，也带走了晏几道对于生命、对于未来的几乎全部的期盼。过去的纯美一旦消失，剩下的就只有现实的冷漠与孤寂。

　　所谓"华屋山邱，身亲经历"，世事的变化无常，让晏几道对现实、对未来都不再抱有任何希望。一般来说，只有老人才会总是沉浸在追忆中，总是生活在过去，因为对老人来说，未来已经不会再有大喜大悲值得期待。可一个年纪不大，却总是依赖回忆生活的人，只能说明他的心态已经苍老了。当他对现实和未来不再有幻想而只感到幻灭的时候，沉浸在美好往事的追忆就成了他精神生活的唯一支柱。

幻灭感往往会引领人走向佛家的"悟"。例如就有学者认为，"梦后楼台高锁，酒醒帘幕低垂"这起首两句纯是"华严境界"（梁启超《饮冰室评词》引康有为语）。

所谓"华严境界"就是佛家那种空寂的境界。那座曾经灯火辉煌，充满欢歌笑语的楼台，如今只剩下人去楼空后的凄冷悲凉，这样的情景，仿佛佛家所说的"空"。看破了的人就会"悟"，从而达到不悲不喜的超脱境界，就像贾宝玉最后遁入空门；看不破的人就会"苦"，会在现实的苦闷中深陷、挣扎。

晏几道就是那个看不破的人。尽管高锁的楼台和低垂的帘幕，都提醒着他世事的幻灭，但他仍然沉浸在追忆中，执拗地不肯醒来。在现实的幻灭与空寂中，他总能从追忆中寻觅到情感的丰满与真实。这其实就是黄庭坚没有说到的第五"痴"——情痴了。

晏几道之所以执拗地生活在过去，是因为世事皆归于幻灭，唯有痴情不灭。

"当时明月在，曾照彩云归。"过去的种种美好，连同莲、鸿、蘋、云四位女子现在都不知在何处漂泊。"来如春梦几多时，去似朝云无觅处"，日日牵挂、思念着她们的晏几道，却仍然像明月一样痴情守候。

痴情的人，注定比一般人要品尝更多更深的痛苦。夏敬观说小山词"寓其微痛纤悲"。从小山词的表面来看，这种痛苦确实是表现得比较浅淡，因为晏几道的贵族气韵和矜持的性格，使得他的词风总体上显得含蓄幽微。但他的内心奔涌着的，绝不只是"微痛纤悲"，而是巨大的身世跌宕之悲、爱情失落之悲、现实孤独之悲和未来幻灭之悲。

其实，晏几道也不是完全没有看破。"梦后楼台高锁，酒醒帘幕低垂"，这说明他已经看破了现实的虚幻，但他看不破的是追忆中的过去。因此，与其说晏几道是选择了追忆作为词的基本主题和基本模式，不如说他是选择了追忆作为一种人生态度：他选择了逃避现实，拒绝未来，但他绝不放弃过去。他就像词中的"当时明月"，无论"彩云"飘散到了什么地方，他都会执着地、一往情深地追随着她，照耀着她，温暖着她。

这样痴情的人，注定是伤心的人。"小山，古之伤心人也。"（《宋六十一家词选例言》）清人冯煦这样的解读，应该算得上是晏几道的隔代知音。

人生有终点，但"追忆"永无终点。孤独的小山，其实还是有知音的。凭借他的追忆，多少年以后，当我们再静静品味他的词，我们仍然能够感受到"字字娉娉袅袅""恨不能起莲、鸿、蘋、云，按红牙板唱和一过"（毛晋汲古阁本《小山词跋》），我们也仿佛看到了身着"两重心字罗衣"的小蘋，略带羞涩地微低着头，"琵琶弦上说相思"，用"大珠小珠落玉盘"的清脆乐声，传递着两情相悦的爱慕。

也许真的是精诚所至金石为开吧，就在晏几道以为他再也见不到心爱女子的时候，却在一次意外的时刻与她重逢了：

> 彩袖殷勤捧玉钟，当年拼却醉颜红。舞低杨柳楼心月，歌尽桃花扇底风。　　从别后，忆相逢，几回魂梦与君同。今宵剩把银釭照，犹恐相逢是梦中。（《鹧鸪天》）

依然是一个春天的夜晚，晏几道情不自禁地再次回忆起当年他和女孩相聚时的欢乐。美丽的女孩穿着艳丽的衣裙，捧着玉杯向他殷勤地劝酒，女孩虽然娇弱，可是为了他却宁愿豁出去喝得双颊酡红，女孩的舞姿那么柔美，歌声那么婉转。晏几道全部的心思都停留在女孩身上，直到明月从杨柳环绕的楼台渐渐沉落，直到女孩手中桃花扇散发的芬芳消散在夜风中。春宵一刻值千金，那样的春夜是多么美好，又是多么短暂！

晏几道沉浸在对往事的深深追忆中，可每每从追忆回到现实的时候，他总是感受到内心彻骨的冰凉："从别后，忆相逢，几回魂梦与君同。"心爱的女孩，你现在在哪里？这一别多年，杳无音信，你还好吗？你可知道我对你的思念是如此深切、如此绵长？你可知道我已经无数次在梦中与你相逢？你也会和我一样常常在梦中见到我吗？

经历了无数次梦中的相会和梦醒后的孤独寂寞，晏几道几乎对现实和未来绝望了。可就在他绝望之际，他居然真的再次见到了梦中的女孩："今宵剩把银釭照，犹恐相逢是梦中。"他不敢相信这次居然不是梦！这次居然是真的！他只能整夜整夜让银灯照着女孩的容颜，他极度欢喜着，又极度恐惧着，生怕这又是一场空欢喜的梦！经过了太久的等待，做过了太多相聚的美梦，也有过太多梦醒后的空虚失落，等到真的重逢了，反而怀疑这会不会又是一场让人空欢喜的梦！

这个让晏几道无限欢喜又无限伤感的女子是否就是失散多年的小蘋，词里面并没有说明。但"记得小蘋初见"，小蘋已经成了晏几道生命的一个象征，初见小蘋时的晏几道，是一个风流俊赏、才华横溢的贵族公子；而如今"犹恐相逢是梦中"的晏几道，辗转尘世多年，早已是两鬓风霜，落魄潦倒。"小蘋"对于晏几道的意义，不再只是一个美丽的女子和一段美丽的爱情，而是承载了晏几道对繁花似锦的前半生的所有回忆。

"当时明月在，曾照彩云归。"每个人心里都有属于自己的"彩云"，"明月"却都是一样的。今天的明月，见证过当时彩云的美丽。"彩云"和"明月"，记录的是变与不变，刹那和永恒的关系；而小山的词句，让时间的永恒和岁月的断片忧伤而痴情地纠缠着，让追忆成为永恒的美。正如晏几道自己所说："追惟往昔过从饮酒之人，或垅木已长，或病不偶，考其篇中所记，悲欢合离之事，如幻如电，如昨梦前尘，但能掩卷怃然，感光阴之易迁，叹境缘之无实也。"（《小山词自序》）

当我们再次摊开小山词，当那些梦一般的前尘往事一页页在我们眼前展开，当一切悲欢离合与令人眷恋的过去如电影般不断重现，也许我们都应该对似水流年心怀感恩。

毕竟，那些"如幻如电"的美好，我们在生活中都曾经拥有过，并且，还将永恒地留在我们的追忆中……

第七讲

性情本色，雅人深致——苏轼

性情本色，雅人深致

——苏轼

　　苏轼（1037—1101），字子瞻，一字和仲，号东坡居士，眉州眉山人（今四川眉山），出生于北宋仁宗景祐三年十二月十九日，也就是公元 1037 年 1 月 8 日，嘉祐二年（1057）与弟苏辙同登进士第，卒于徽宗建中靖国元年七月二十八日，也就是公元 1101 年 8 月 24 日。著有《东坡乐府》，存词 300 余首。

　　苏轼与他的父亲苏洵、弟弟苏辙合称"三苏"，一门三父子均在"唐宋八大家"之列。

　　苏轼七岁时，苏洵夫妇便开始教他读书，八岁时将他送进当地的学校接受系统教育。他的老师得到一篇颂扬当时名臣的《庆历圣德诗》，恰好被苏轼看到了，苏轼便问先生诗里歌颂的都是一些什么人。老师不以为然地回答："你一个小孩子知道那么多干什么？"苏轼不卑不亢地回答："这些人如果是天上的神仙，那我确实不敢知道；如果他们也是人，为什么我不能知道呢？"老师一听：这个小孩不简单啊！不由得对小苏轼刮目相看，于是老师将诗中所颂详细解释给苏轼听，并且告诉他："其中提到的韩琦、范仲淹、富弼、欧阳修四人，都是当代人杰啊！"

从那时候起，这四个人物便成了苏轼心中的当代偶像，只是那时候他还不能预料，日后他竟然能有幸成为欧阳修最为赏识和喜爱的弟子。

宋仁宗嘉祐元年（1056），苏轼、苏辙在父亲苏洵的带领下一同离开故乡四川眉山，赴京城应考。八月，兄弟俩在开封府双双首战告捷，又于嘉祐二年（1057）同时参加礼部考试。当时，主考官是礼部侍郎欧阳修。据说欧阳修读到苏轼的试卷时，忍不住拍案叫绝。三月，宋仁宗御崇政殿，亲自主持殿试，两人同时进士及第。

兄弟俩同时高中本就引人注目，何况这一年哥哥苏轼才二十二岁，苏辙更是未满二十的少年，他们的年少成名一时间成为盛传天下的佳话。尤其是苏轼，更是名动京师，主考官欧阳修兴奋得逢人就说："读轼书，不觉汗出。快哉！快哉！老夫当避路，放他出一头地也。可喜！可喜！"（《与梅圣俞书》）他甚至预言，再过三十年，文坛上不会有人再提"欧阳修"这个名字，代之而起的新星将是前途不可限量的苏轼！连当时的文坛领袖、政坛大腕欧阳修都在苏轼的才华面前甘拜下风，难怪苏轼一出道就成了世人追捧的学术明星。

可是正当苏轼兄弟俩"春风得意马蹄疾"，沉浸在成功的喜悦之中时，家中噩耗传来：母亲程氏于四月七日去世。悲痛欲绝的父子三人仓皇离京，兄弟俩开始了三年的守孝生活。嘉祐四年（1059）十月，服丧期满后，苏洵带着两个儿子举家迁往京城，兄弟二人对此番进京大展拳脚寄予了热烈的期望，一路上他们互相勉励，诗歌唱和不断。到达汴京后，苏轼兄弟俩都暂时辞去了朝廷任命的官职，全力以赴准备第二年的制科考试。

嘉祐六年（1061）的制科考试，兄弟俩又双双名列前茅。据说仁宗再次亲临崇政殿，读到两人的制策后，回到后宫还兴奋地对皇后说："朕今日为子孙得两宰相矣。"对苏轼、苏辙的赞赏溢于言表。苏轼随即被授予大理评事，签书凤翔府（治所在今陕西凤翔）判官。

治平三年（1066），苏洵在京师去世，苏轼与苏辙护送父亲灵柩回乡并守丧三年，直到熙宁二年（1069）重返京师。熙宁年间正是王安石变法推进得如火如荼的时候，为了阐明新法的弊端，苏轼于熙宁二年十二月写了一篇洋洋洒洒数千言的《上神宗皇帝书》，系统地阐述了自己对新法的意见，对国计民生的忧患之情溢于言表。连神宗皇帝都不免为之深深感动，可是神宗正在支持王安石厉行变法，并未因为苏轼的这一番上奏就停下变法的脚步。

熙宁三年（1070）二月，苏轼又进《再上皇帝书》，将新法比喻成乱国之毒药，言辞愈发激切，令王安石十分恼怒。王安石甚至对神宗说：苏轼兄弟其实没什么真才实学，不过以"飞箝捭阖为事"，意思就是他们擅长的不过是利用三寸不烂之舌纵横捭阖，专以辩论为能事。神宗虽未必完全同意王安石的评价，但毕竟对苏轼心生不悦。这年八月，王安石手下的一个侍御史谢景温诬告苏轼服丧回乡的时候，曾经利用官船贩运私盐等贪污不法之事。神宗立即下令严查，当然，这番严查没有什么结果。但这种欲加之罪何患无辞的做法，让苏轼彻底心灰意冷，他甚至不愿意为自己做任何辩解，只是在朝廷查无实据之后，上书请求外放。

熙宁四年（1071）七月，苏轼携夫人王闰之和儿子苏迈、苏迨离京赴杭州通判任。熙宁七年（1074）十二月，苏轼从杭州通判任上调任密州（今山东诸城）知州，算是密州的父母官了，这也是苏轼自入仕以来第一次担任地方行政的"一把手"。相比于繁华富庶、风景秀美的杭州，密州要荒凉得多，条件自然也要艰苦得多。可能是因为水土不服，再加上忙于熟悉和处理地方政务，苏轼大病一场，连这年除夕都是在病床上度过的。然而严峻的形势不容苏轼安心躺在床上养病，因为刚到密州，他就碰上了这里蝗灾泛滥，再加上盗贼横行，对苏轼的行政能力无疑是极为艰巨的考验。他一方面组织救灾抗灾，亲自率人缉拿盗贼，一方面要上书朝廷汇报情况，不免忙得焦头烂额。三十九岁的苏轼，一下子觉得自己似乎衰老了许多。

然而苏轼从来不是一个软弱的人，繁忙的工作也不容他缠绵病榻。来到密州的第二年，也就是熙宁八年（1075）春天，苏轼又碰上了这里的旱灾。他深入民间了解老百姓的生活疾苦，有经验丰富的老农告诉他，旱灾往往是和蝗灾泛滥的程度密切相关的，要想斩草除根，除了火烧、土埋、消灭蝗虫虫卵等方法之外，还必须尽快缓解旱情。因此苏轼一边改善水利设施，一边亲自到常山去求雨。

说来也巧，也许是他的这一番为民除害的诚意感动了上天，在求雨回来的半路上，就刮起了大风，当晚就痛痛快快地下了一场大雨。这场大雨一下，不仅旱情大为缓解，蝗灾的隐患也得以消除。老百姓额手称庆，苏轼自己也喜不自禁地写下了喜雨的诗篇。

除了缓解迫在眉睫的蝗灾和旱灾，苏轼还雷厉风行地做了许多与民方便的好事。例如，密州地方穷，再加上此前连年天灾，很多老百姓饥寒交迫，根本没有办法养活一家人。在百般无奈的情况下，很多人不得不将刚出生的婴儿抛弃。苏轼看在眼里痛在心上：如果不是实在生计艰难，为人父母者怎么忍心将自己的亲生孩子活活抛弃！他下令仔细盘查官仓中储藏的余粮，将剩余的几百石粮食专门找了个仓库存放起来。老百姓中凡是有愿意收养弃婴的，每收养一个，由官府每月发放六斗粮食作为补贴。渐渐地，弃婴越来越少，而那些收养弃婴的家庭也慢慢培养出了亲情，养父母对收养的孩子视若已出，弃婴也能感受到来自父母的温暖和抚爱，彼此都舍不得分开了。以这样的方式存活下来的弃婴竟然达到了好几千人。密州的老百姓无不感念知州大人苏轼的智慧和仁爱。

熙宁八年（1075）秋天，苏轼再次赴常山为民祈祷。因为政事已经渐渐理顺，苏轼的情绪也高涨了许多。回程路上，他兴致勃勃地向随从的僚属建议：时间还早，天气又这么好，秋高气爽的，咱们来一场秋猎如何，也好好活动活动筋骨？

在大家眼里，苏轼就是一个鼎鼎大名的文学家和勤于政事的地方官员，平时性情温文尔雅，乐观豁达，倒确实很少看到他威武雄壮的一面。一听知州大人的提议，同事们无不欢欣鼓舞。于是乎，只听到山林中骏马奔腾，当离弦之箭呼啸而过的时候，人们都不由得屏息而待，不一会儿，树林里就传来了开心的声音："又射中了！"

平时苏轼或在办公室埋头处理公务，或是吟诗作赋、挥毫泼墨，或穿上便服到田间陌上去视察民情，难得这回打猎让他尽情展示出了雄姿英发的一面。一场打猎下来，竟然收获颇多，随从们就更不用说了，兴奋得不住口地又是喝彩又是欢呼，苏轼捋着胡须，自然也是乐呵呵的，毫不掩饰内心的豪情和欢乐。

这场打猎大伙儿可谓尽兴而归。苏轼抑制不住兴奋之情，回家之后挥毫写下了千古名篇《江城子·密州出猎》：

老夫聊发少年狂，左牵黄，右擎苍，锦帽貂裘，千骑卷平冈。为报倾城随太守，亲射虎，看孙郎。　　酒酣胸胆尚开张。鬓微霜，又何妨！持节云中，何日遣冯唐？会挽雕弓如满月，西北望，射天狼。

这首词再现了密州知州苏轼率众打猎的壮观场面。四十岁的苏轼自称"老夫"虽然显得太早了一点，但起首一句"老夫聊发少年狂"就已经豪气逼人，苏轼那种特有的豪迈之气扑面而来：你看他左手牵着黄色的猎狗，右臂架着凶猛的苍鹰，头戴锦帽，身穿貂皮大衣，率领着千余人马在山林中左奔右突，追逐着猎物。这次出城去常山祈祷和打猎，除了密州知州苏轼之外，官员们几乎是倾城出动，队伍之壮观，声势之浩大，确实令人倍增豪情。"亲射虎，看孙郎。"即便是平时文质彬彬的苏轼，在猛兽面前也丝毫没有怯懦和退缩，而是挽起大弓，镇定从容地一箭射中目标。

当然，"亲射虎，看孙郎"也用到了一个著名的历史典故：孙郎是指三国时候东吴的孙权。据说孙权在一年秋天出行的时候，途中遇到老虎。凶猛老虎咬伤了孙权的坐骑。这突如其来的危险没有让孙权丧失理智和勇气，他反应极其敏捷而果敢，立即将手中的双戟猛力投出，一投便击中老虎，随后在侍从的协助下捕获了这只垂死挣扎的老虎。

这次密州出猎苏轼是不是也像孙权一样亲自射杀老虎，我们已经没有办法去考证了。不过结果并不重要，重要的是苏轼以孙权的勇敢自比，充分展现了他打猎时勇猛的风采。

打猎凯旋，自然是要畅饮庆贺一番了。几杯烈酒下去，苏轼的豪情壮志更是被尽情激发出来，两鬓有些白发又有什么关系呢？我有的是力量，有的是智慧，有的是报国的热血和激情，只要给我机会，我也会立下报效国家的大功大业的。

"持节云中，何日遣冯唐"这两句又用到了一个历史典故：关于汉代冯唐和魏尚的故事。

《史记·冯唐列传》记载，魏尚在担任云中（今内蒙古和山西北部交界处）太守的时候，在一次与匈奴战后统计具体杀敌人数的时候，多报了6个人。在古代，军功和杀敌的人数是挂钩的，杀敌越多，战功越大。可是就因为这多报的6个人，魏尚不仅没有获得应有的战功，反而被政敌利用，以此为罪名攻击他，魏尚被罢官。朝中另外一个大臣冯唐很为魏尚鸣不平，于是冯唐专门去求见了汉文帝，为魏尚求情说："魏尚为官尽心尽职，他爱惜士卒，军费不够用，就自己掏腰包，几乎是平均每五天杀一头牛，犒劳将士们，所以魏尚的麾下一直士气高昂，连匈奴听说魏尚治军严谨，都不敢轻易来侵犯，反而是躲得远远的。这次魏尚率领部下杀了那么多匈奴兵，功勋卓著，如果只是因为多报了几个杀敌的数量就遭受严惩，恐怕以后大家都不敢上阵英勇杀敌了啊。如果您论功行赏太轻，而惩罚又太重，会不会伤了前线将士的心呢？"冯唐这一番话合情合理，汉文帝也不免为之动容，于是当即命冯唐为使者，拿着皇帝的符节，赦免了魏尚，让他官复原职。

在这首《江城子·密州出猎》中，苏轼其实是把自己比作了受人谗害的魏尚。宋神宗和宰相王安石推行变法，苏轼是不赞同新法的人，因为政见不同，苏轼自请到外地做官。他认为，与其在朝廷中深陷于无休止的党争中，还不如在地方官任上，为老百姓多做一些具体的实事、好事。尽管苏轼是自请外任，心中还是难免有一些失意的情绪，他多么希望朝廷能够理解自己对国家的这一颗赤胆忠心，多么希望有一个像冯唐那样仗义执言的忠臣来为自己剖白心迹。如果朝廷给他这样的机会，他一定会像一个真正的壮士那样，将弓箭拉得像满月一般圆，而且充满力量，打退西北方向胆敢进犯的敌人。

"天狼"本是星宿的名字，因为它的形状和方位而被视为贪婪、残酷和侵略的代名词。熙宁年间，最令北宋头疼的敌人就是屡屡侵犯边境的辽国，因此，"西北望，射天狼"

实际上象征的就是苏轼迫切希望能够驰骋疆场，击退入侵的辽国敌军，为国家建功立业。

看来，让苏轼"老夫聊发少年狂"的不仅仅是一次普通的打猎，更是他报国热血的激情涌动。他不仅把这首词誊写下来寄给好朋友分享，还经常让东州壮士"抵掌顿足"，放声高歌，并命人击鼓吹笛来进行伴奏，听来真是令人热血沸腾。

如果说《江城子·密州出猎》体现出苏轼豪迈慷慨的一面，那么同样作于密州任上的另一首《江城子》则传递着苏轼一往情深的一面。

熙宁八年（1075）正月二十日，密州的清晨寒意彻骨，北风料峭，光秃秃的树枝在寒风中扑簌颤抖。密州知州官邸中，苏轼忽然从睡梦中惊醒，他怔怔地坐在床沿，良久，两行清冷的泪水无声地从他脸颊上滑落，他竟然好像全无察觉。他的心神似乎还停留在梦中，茫然盯着窗外的视线仿佛是一个大大的问号：我这是在哪里？我刚才不是还在故乡四川眉山的家中吗？王弗刚才不是还在窗前梳妆，还在冲我温柔地微笑吗？怎么一眨眼的工夫就不见了？……

正在困惑中的苏轼还没有缓过神来，妻子王闰之走了进来，她一眼就看到了夫君有些反常的神态，微微有些诧异："夫君，你醒了？今天身体感觉可好些了？"听到妻子柔声的问话，苏轼仿佛才猛然惊觉：这不是在故乡四川的眉山而是在密州啊！眼前的妻子也不是王弗，而是续弦王闰之啊！那么，刚才听到的夏日的蝉鸣、看到的窗前梳妆的王弗都是在做梦了？

王闰之看到丈夫依然愣在那里，也不再追问，只是吩咐侍女进来，和她一起伺候丈夫起床梳洗。吃完早餐，苏轼又把自己关进书房，并且还叮嘱妻子王闰之不要让任何人进来打扰他。善解人意的王闰之点点头，却将对丈夫情绪的忧虑默默压在了心底。

独自呆坐在书房里的苏轼，此刻才算静下心来仔细回想昨夜梦中所见所闻的一切细节。那是一个多么温暖的梦境：他梦见自己在故乡眉山的家中，稍显狭窄却无比温馨的卧室里，与他相亲相爱的结发妻子王弗正坐在窗前梳妆。清晨的第一缕霞光透过窗棂柔和地洒落在房间，妻子的一头乌发闪烁着动人的光泽，一双清澈的眸子仿佛会说话，溢满了暖暖的爱意。妻子是那么美、那么温柔。苏轼也不知道自己在书房里到底坐了多久，他一点都不觉得孤独，因为在他回忆的梦境里，全是他与王弗共同生活的点点滴滴……

王弗，是苏轼的原配妻子。苏轼十九岁那年，十六岁的王弗嫁给了他。以现在的眼光来看，这算是名副其实的早婚了。可是在古代，女子十五及笄，男子二十弱冠，已经是可以婚嫁的成年人了。苏轼曾经以为王弗和那个时候大多数的良家女子一样，"女子无才便是德"，而王弗也从来没有表现出恃才自傲的样子。苏轼读书的时候，王弗常常安静地陪伴在一旁，并不唠唠叨叨地插话，苏轼还以为她什么都不懂呢。可是后来，苏轼发现自己读过的书偶尔也有想不起来的时候，王弗却总能轻声提醒他。苏轼惊讶之下，再问起妻子，才知道妻子原来读过不少书。他这才明白原来妻子不仅美丽贤惠，而且还博闻强识。这对他来说真是一种惊喜：妻子对于他，不仅是生活的伴侣，更是学问上的同志、精神上的知己。

后来苏轼高中进士，被朝廷授予官职，妻子王弗常伴左右，成了丈夫的贤内助。苏轼出任凤翔府签判，每次外出办事，王弗总是关心地询问细节，生怕丈夫因为经验不足而出错。因为这是苏轼考中功名以来第一次正式外出做官，对官场、世事的了解还不够深入，妻子总是对他说："你第一次离开父亲那么远，凡事都该谨慎一些。"苏轼才华横溢，本是年轻气盛、个性张扬的人，而妻子这种无微不至的关怀和提醒让苏轼倍感贴心。

有时，家中有客人来访，王弗也会站在屏风后面听苏轼与客人的谈话，客人走后，王弗对丈夫说："刚才那人说话模棱两可，只知道一味揣摩、迎合你的喜好，这样的人不可深交啊！"遇到那些拼命向苏轼套近乎的人，王弗也总是提醒丈夫：这样的朋友缺乏真心诚意，恐怕不能持久。而妻子的话，往往不久就能应验。初入仕途锋芒毕露缺乏经验的苏轼，因为有了妻子这样知书达理的红颜知己，确实避免了许多可能会犯的错误。

　　然而，也许是天妒红颜，治平二年（1065）五月二十八日，王弗在年仅二十七岁的青春年华中骤然病逝，他们的婚姻只持续了十一年，这一年，苏轼也才三十岁。爱妻的离世曾让苏轼痛不欲生，他的父亲苏洵也告诫他："你的妻子在你一无所有的时候就嫁给了你，与你共患难同甘苦，你可不能忘了她对你的好。"

　　第二年，苏轼将亡妻的灵柩送回故乡，安葬在他母亲程夫人墓旁。

　　熙宁八年（1075），王弗去世已十周年。十年来，苏轼在仕途上一直并不如意，因为与朝廷激进的变法派政见不同，苏轼被迫辗转在杭州、密州等地方官任上，一腔政治抱负无法尽情施展，而大好的青春却随着岁月迅速流逝。四十岁的苏轼已经无奈地觉察到鬓发染霜、壮志消磨。他多么怀念十年前与王弗相依相伴的美好时光。只是后来他续娶了王弗的堂妹王闰之，王闰之也是一位温柔贤淑的妻子，而且对待王弗所生的长子苏迈视如己出，在苏轼奔波迁徙的日子里始终无怨无悔地为丈夫提供了一个温暖的港湾。因此，苏轼对原配妻子王弗的思念只能深深地藏在心底，他不忍伤害现在的妻子王闰之。

　　然而，就在王弗逝世十周年的时候，蕴藏十年的思念终于在梦中爆发，也成就了苏轼这阕名垂千古的经典词作《江城子·乙卯正月二十日夜记梦》：

> 十年生死两茫茫，不思量，自难忘。千里孤坟，无处话凄凉。纵使相逢应不识，尘满面，鬓如霜。　　夜来幽梦忽还乡，小轩窗，正梳妆。相顾无言，惟有泪千行。料得年年肠断处，明月夜，短松冈。

与王弗的别离屈指已是十年。尽管这十年来，苏轼在万丈红尘中四处漂流，经历了许多坎坷波折，从壮志凌云的青年走向两鬓染霜的中年，可是漫长的十年光阴，王弗始终常驻在苏轼的心中仿佛从未离开过。

熙宁八年正月二十日这天夜里，苏轼在梦中重逢的妻子王弗仍是十年前青春的模样，"小轩窗"仍是他们熟悉的样子，正在梳妆的王弗也一如既往的沉静美丽，一切都还是当年最平凡却最动人的情景。这十年来，苏轼辗转各地，再也没有机会回到故乡，即便他再回去，在尘世中历尽沧桑的夫君显得那么衰老脆弱、风尘仆仆，妻子还能认出他吗？看到自己这副苍老疲惫的模样，妻子会不会心痛到泪流满面？

此时此刻，苏轼的眼中再次涌出泪水，那是刻骨铭心的思念。十年来经历过的种种辛酸、苦难、委屈，他无法一一向妻子倾诉，只能任由泪水泄露着彼此内心的痛苦。

"小轩窗，正梳妆。"梦中的相会是那么快乐，却又是那么短暂。梦醒时分，当苏轼再次被迫回到现实，他的眼前再次出现了千里之外妻子长眠的那座孤坟，在月色下越发显得凄凉清冷，而当年妻子下葬时他亲手种下的小松树如今已亭亭如盖了吧？

《江城子》虽然是一首记梦词，可只有"小轩窗，正梳妆。相顾无言，惟有泪千行"四句是描写梦中的场景，整首词更像是苏轼面对着记忆中的妻子，向他喃喃诉说着十年来他的相思、他在尘世中沉浮的悲愤、他对时光流逝的无助与无奈。

"料得年年肠断处，明月夜，短松冈。"结尾三句再次回到现实中来：正因为自己对妻子这份刻骨的思念，他才会将心比心地想着长眠地下的妻子一定也是如此牵挂着自己吧，妻子也会因为思念而"年年肠断"吧！

在世人心目中，苏轼似乎总是一副洒脱旷达的模样，但一曲"十年生死两茫茫"让人看到了苏轼内心深处汩汩流淌的深情。

熙宁十年（1077），苏轼改知徐州，元丰二年（1079）又移知湖州，同年八月十八日被投进御史台狱，这就是著名的"乌台诗案"——这是一起典型的被罗织而成的文字狱，"新党"中人说苏轼写诗诽谤新法，以此为名将他逮捕。"乌台"是御史监狱的代称，因为汉代御史台外经常聚集了很多乌鸦，所以又称为"乌台"。要是被他们弹劾了，往往没有好下场，御史大夫因此又被戏称为"乌鸦嘴"。

不过，虽然"新党"不能容忍苏轼这样的反对派，"新党"首领王安石倒无意置苏轼于死地，他们只是政治立场不同而已。因此苏轼被关了一百多天后，经过亲朋好友的多方疏通，再加上太后也出来帮他说话，宋神宗还是下旨释放了他，以水部员外郎黄州团练副使的名义贬谪黄州（今湖北黄冈）。

"乌台诗案"发生后，和苏轼交往密切的一批官员、文人朋友也受到牵连，这其中，就包括了王巩（字定国）。王巩被贬到宾州（治所在今广西宾阳），在当时这就已经是非常荒凉艰苦的地方了。王巩前往贬所的时候，侍女柔奴随同前往。

苏轼曾在《王定国诗集叙》中说："今定国以余故得罪，贬海上五年，一子死贬所，一子死于家，定国亦病几死。"这说明王巩被贬的这几年，是遭遇了巨大的痛苦的，两个儿子一个死在贬所，一个死在老家，王巩自己也因为水土不服等诸多原因九死一生。可就算经历了这么巨大的灾难，当几年之后王巩被赦免北归的时候，仍然充满豪气，"颜色和豫，气亦刚实"（《续资治通鉴长编》）。这是王巩的过人之处，也正是苏轼引他为知己好友的原因之一。

王巩遭贬的这几年，柔奴一直陪伴左右。在王巩和柔奴北归以后，苏轼也获免北归，相继回到京城任职。元祐元年（1086），在京城汴京（今河南开封），这对多年不见的老友重逢了。如果说，以一个男人的刚强，再多再大的磨难都不能逃避的话，那么以柔奴这样一个弱女子，经历这么巨大的人生起伏和灾难，按一般的情理推测，是很容易被艰苦的生活击垮的。正是出自这样的常理推测，苏轼忍不住问了柔奴一句："广南风土，应是不好？"这一问，其实既是关心，也是安慰："广南那么艰苦的地方，跟京师的生活条件没办法比，这几年你受苦了啊！"

从物质条件来看，地方与京城当然是没得比的：北方的清凉与南方的酷热，北方的繁华与南方的荒凉，北方的先进与南方的落后……放着家乡京城的好日子过不了，偏偏万里跋涉跑到偏僻的南方去受苦。当然，这一问可能也还包含着些微的自责：毕竟，王巩和柔奴受苦的直接原因是因为苏轼，被牵连受罪那多冤啊！

可是，出乎苏轼意料的是，柔奴并没有对他倾倒满腹苦水，倾诉满腹牢骚，她只是微微一笑，淡淡地回答了一句："只要我的心安，走到哪儿都是我的家乡。"

柔奴的回答和淡然处之的态度让见过大世面、经过大风雨的苏轼忍不住深深叹服，也激发了他创作的激情和灵感，写下了这首《定风波》：

　　常羡人间琢玉郎，天教分付点酥娘。自作清歌传皓齿，风起，雪飞炎海变清凉。　　万里归来年愈少，微笑，笑时犹带岭梅香。试问岭南应不好？却道：此心安处是吾乡。

　　"常羡人间琢玉郎，天教分付点酥娘。"词一开篇就出现了一男一女两个重要人物：一个是"琢玉郎"，一个是"点酥娘"。

　　"琢玉郎"这个词出自唐代诗人卢仝的一首诗：《与马异结交诗》，诗中有两句是这样写的："白玉璞里琢出相思心，黄金矿里铸出相思泪。"从白玉和黄金里面雕琢、铸造成相思，可见这相思有多么珍贵了。因此"琢玉郎"的意思应该就是指多情种子，也形容男子姿容像白玉一样俊美。不过，这里苏轼说羡慕"琢玉郎"，倒并不是羡慕他长得帅，天生是个多情种，而是羡慕他"天教分付点酥娘"。

　　"分付"，是赐予、交付的意思。显然，苏轼和这位"琢玉郎"的关系是很亲近的。既然他们是亲密的好朋友，我们不妨用亲昵一点的语气来翻译这两句词：真羡慕你这个家伙，自己长得帅倒还罢了，老天居然还送给你这么一个温柔美貌、心灵手巧的"点酥娘"，老天爷对你真是偏心啊！

　　"点酥娘"，可能是指女子的肌肤像凝结的酥酪一样柔腻嫩滑。也有一种说法认为"点酥娘"是指女子的心灵手巧。

北宋初年的诗人梅尧臣写过一首诗，诗题中说到他亲家有个女孩儿能"点酥为诗"，意思大约是用酥酪这样的食品裱出诗歌或者别的图案，可能类似于现在的食品裱花工艺吧，大家想想现在蛋糕店里那些制作精美的生日蛋糕就可以明白了。

无论是哪种解释，可以肯定的是，苏轼对这位"点酥娘"给予了毫不吝啬的赞美，所以他才羡慕"琢玉郎"能拥有这样一位美貌又心灵手巧的"点酥娘"。

毋庸置疑，词中的"琢玉郎"当指王巩，大概王巩确实是风度翩翩的美男子，苏轼不止一次用"琢玉郎"这个词形容过他，而"点酥娘"就是指王巩的侍姜柔奴。

那么，苏轼为什么要羡慕他们呢？

原来，《定风波》这首词前面原本有一段小序，序言是这样写的：

> 王定国歌儿曰柔奴，姓宇文氏，眉目娟丽，善应对，家世住京师。定国南迁归，余问柔："广南风土，应是不好？"柔对曰："此心安处，便是吾乡。"因为缀词云。

序言虽然短，而且貌似只是简单介绍了柔奴的身份：她是王巩的"歌儿"侍姜，复姓宇文，"京师"人，也就是东京（今河南开封）人。柔奴长得眉清目秀，而且很有口才，

"善应对"，这就是关于柔奴的全部信息了。

"自作清歌传皓齿，风起，雪飞炎海变清凉。"这几句显然是苏轼的揣测之辞。柔奴的豁达让他深深感动，所以他想象着，在柔奴陪伴王巩南迁的那几年里，柔奴一定像在京城老家的时候一样，自己创作、吟唱那些美妙的歌曲。当清亮悦耳的歌声从她的朱唇皓齿中传出来的时候，就好像习习清风拂过，雪花漫天飞扬，让炎热的岭南顿时变得清凉、舒适起来。

一场改变人生的灾难，就在这种宠辱不惊的态度中，转变为人生的一场意外收获了。

如今，逆境过去了，他们都获得了朝廷的赦免，可以回到京城。在重聚之前，苏轼猜想朋友也许已经被这场灾难折磨得憔悴不堪了吧？他带着满腹自责再见到王巩和柔奴的时候，他惊讶地看到，当年那个清秀美丽的柔奴，在几年的苦难过后，居然"万里归来年愈少，微笑，笑时犹带岭梅香"。

千山万水的跋涉，非但没有让柔奴的面容变得粗糙、憔悴，反而显得比以前更年轻了。当她淡淡地微笑的时候，笑容里仿佛还带着一缕梅花的清香。岭梅应该是指庾岭的梅花，大庾岭在今天的江西，是柔奴由南北归的时候经过的地方。这里将柔奴的笑容比作庾岭的梅花，也有双关的含义，既指出了路途的遥远艰辛，也暗示了柔奴没有被苦难压倒，而是像梅花一样凌霜傲雪，坚贞高洁。

显然，柔奴的年轻和美丽，让苏轼倍感惊讶。是什么力量，才能让一个生活艰辛、备受折磨的女子如此从容和淡定呢？于是，既好奇又感动的苏轼忍不住追问了一句："试问岭南应不好？"岭南的生活应该很艰苦吧？

"却道：此心安处是吾乡。"柔奴没有正面回答苏轼岭南到底有多艰苦。这说明，在柔奴的心里，并没有把物质条件的艰苦放在眼里，她拥有内心的平静，再苦她也能从容面对。一个身份低微的侍妾，她固然不会说什么豪言壮语，只是将内心最真实的感受说出来，很平淡，却具有震撼人心的力量。

外表柔弱，内心强大，这是柔奴带给苏轼的震撼，也是带给我们的强烈震撼。

这首词貌似句句都在赞美柔奴，但其实，柔奴只是苏轼的一面镜子，透过这面"镜子"，苏轼照见了自己。他借柔奴之口，表达了自己想要表达的内容。"此心安处是吾乡"固然是柔奴的答案，其实也是苏轼对待人生，尤其是对待逆境的答案。

词句解释完了，可我们对词的解读并没有结束。

可能大家都有一种感觉，这首《定风波》和此前许多词都不太一样：词通常都是用来抒情的，李煜是在亡国剧变之后痛苦地抒情；柳永是一边讲故事一边抒情；晏几道则是在孤独追忆中哀伤地抒情……苏轼的《定风波》也抒情，但在他这里，抒情是和言理交融在一起的。

用词这种抒情诗体来讲道理，我不敢说是苏轼的首创，但他绝对是一个典范。这首词前面的序言，包括词的正文，从起句"常羡人间琢玉郎"，一直到"笑时犹带岭梅香"其实都只是铺垫，经历过层层铺垫之后，词人真正想要隆重推出的只是最后两句："却道：此心安处是吾乡。"

最后这两句，才是苏轼真正的用心所在，是他要讲述的道理所在。

心安，是一个简单的词。当然，说起来极其简单，要做到却极其困难。那么，在这个看似简单的词里，苏轼想要说明的到底是一个什么道理呢？

我觉得，"此心安处是吾乡"至少包含了两层道理。

第一层，做事要问心无愧。

前文提到《定风波》的创作有一个背景是"乌台诗案"。王安石推行新法，为的是富国强兵；苏轼反对新法，出发点也是国家和人民的利益。目的一致，只是政见不同。但由于政治斗争的复杂，这种不同的政见，就会被相当一部分以谋求个人利益为目的的小人所利用，成为打击异己的借口。"乌台诗案"的发生，根本原因即在于此。

当时的王安石高高在上，并不完全清楚新法在推行过程中产生的弊端，而围绕在他身边的一部分小人只知道歌功颂德，蒙蔽了他的视线。一直在外地做地方官的苏轼，对老百姓的疾苦却是感同身受。为百姓代言，为国家的利益申诉，对苏轼来说，件件都是问心无愧的事。就算为此而遭致个人的灾难，他也能够做到心安理得。

苏轼是如此，王巩和柔奴也是如此。

问心无愧，用良心来说话，用良心来做事，这是"心安"的基础。

第二层，做人要内心强大。

社会是复杂的，在同样的一个社会，表面上奉行的似乎是一致的道德原则和价值标准，事实上，同样的社会却容纳着形形色色的人。每个人内心都有自己的一套道德准则和价值观，有正道直行的君子，也有蝇营狗苟的小人，有从善如流的好人，有见义勇为的义士，也有明哲保身的庸人，甚至还有落井下石、见利忘义的恶人……不是每一个凭良心做事的人，都能获得公正、公平的评价，在某些特定的时候，一个好人、一个问心无愧的人也会遭致非议，甚至遭遇灾难。就像"乌台诗案"后被贬的苏轼和王巩，一片公心换来的只是身陷囹圄、远谪他乡。如果没有足够强大的内心，在遭受如此不公正待遇的时候，岂不是会怨天尤人，甚至从此一蹶不振？

其实脆弱的人不在少数，比如后来的秦观，因为苏轼在元祐末年的新旧党争中再次遭遇"滑铁卢"，秦观受到牵连也被贬出京城，从意气风发的京官变成了一无所有的"庶民"，秦观一下子跌落到悲苦忧愁中，并且从此就再没有从苦闷中走出来。而内心强大的苏轼，在总结自己的一生时，曾以自嘲的口气说过这样两句话："问汝平生功业，黄州、惠州、儋州。"黄州、惠州、儋州都是苏轼先后被贬的地方，每次遭贬，贬所越来越荒远，"儋州"甚至还跨海到了海南岛，生活贫困到居无定所，食不果腹。可是功名事业越失败，苏轼的精神不但没有垮掉，反而安贫乐道，越是收获了文学上和思想上的巨大成就。在苏轼的心中，"功业"不仅仅是功名利禄的追求，更是精神的升华。

禀赋柔弱的秦观倒下了，内心强大的苏轼却坚挺地站立着。不被非议左右，也不被挫折压倒。当苏轼感叹柔奴"万里归来年愈少"的时候，他是透过柔奴年轻柔弱的外表，看到了她坚定强大的内心。而这样强大的内心，苏轼同样拥有。

做事要问心无愧，做人要内心强大，这就是苏轼通过"此心安处是吾乡"想要告诉我们的道理。

这个道理也让我想起了一副对联。在湖南长沙有一个著名的人文圣地——古代"四大书院"之一的岳麓书院。岳麓书院里有一副对联，其中有两句我印象特别深："是非审之于己，毁誉听之于人。"古往今来，太优秀、太出类拔萃、太坚持己见的人往往容易遭人嫉妒，枪打出头鸟嘛。那么，对待别人的"毁誉"我们应该抱以什么样的心态呢？

我们的回答是：只要自己能够坚持原则，明辨是非，别人要恨要骂、要忌妒要诽谤要攻击，那只好随他们去！这就是苏轼的智慧与旷达之处，洞察世事之后的苏轼，才真正拥有了性情的旷达。

再回到这首《定风波》上来，这首词的一大成功之处，就在于苏轼将一个枯燥的人生哲理讲得极富情趣。我们都知道，讲道理很容易流于说教，宋代的很多诗因为受理学的影响比较大，往往让人觉得枯燥乏味，缺乏诗意的感发力量。

苏轼也是一个爱讲道理的人，比如我们都熟悉他的一首诗："横看成岭侧成峰，远近高低各不同。不识庐山真面目，只缘身在此山中。"这首诗就是说明了一个认识事物要全面客观的道理。但苏轼的魅力在于，他总是将枯燥的道理融化在富有情趣的故事和抒情当中，连词这样一贯以抒情，尤其是抒发男女艳情为本职的文体，也被他信手拈来讲道理，而且还讲得这么生动，让我们不自觉地从内心深处认同他讲的这个道理，这就是苏轼不同凡响的地方了。正如前人所云："东坡小令，清丽纡徐，雅人深致，另辟一境。设非胸襟高旷，焉能有此吐属。"（蔡嵩云《柯亭词论》）

"雅人深致"，包含了性情的智慧旷达，语言的清丽文雅以及蕴意的含蓄深刻。性情与理趣的交融，应该正是这首词的魅力所在。

元丰七年（1084），苏轼改授汝州（今河南汝州），后改登州知事，又出任礼部郎中，回京师任起居舍人。

元丰八年（1085），宋神宗驾崩，皇太子赵煦继位，这就是历史上的宋哲宗，第二年改年号为元祐。哲宗即位时年仅十岁，由祖母也就是神宗的母亲太皇太后高氏"垂帘听政"。高太后是旧党的支持者，一直反对儿子神宗任用王安石变法。因此哲宗一即位，高太后就母改子政，全面废除王安石新法，并且召回了神宗时因为反对新党变法而被贬在外的旧党代表人物司马光、苏轼等人。在此后高太后主政的八年中，苏轼得到高太后的庇护和重用，仕途比较顺利，一度被晋升为端明殿学士、翰林侍读学士、礼部尚书等职，他的弟弟苏辙更是高居左仆射兼门下侍郎，相当于副宰相之位，这是苏轼一门仕途最为辉煌的一段时期。

元祐八年（1093），高太后去世，哲宗亲政，他首要做的事便是以"子绍父志"为理由，改年号为"绍圣"，全面恢复神宗之政，重新任用新党，同时不遗余力地打击旧党，连苏轼这位哲宗从小的侍读老师也未能幸免。公元1094年，也就是绍圣元年闰四月，苏轼被诬以"讥刺先朝"的罪名，从定州知州任上被贬英州（今广东英德），接着又贬为建昌军司马，惠州安置，在赴任路上再次接到贬谪诏命，改贬宁远军节度副使、惠州安置。数月之内，连续好几道贬谪令，苏轼最终被剥夺一切实职，彻底投闲置散。而事实上，被贬惠州还不是苏轼厄运的结束，因为在惠州只待了两年多，绍圣四年（1097），苏轼又被罗织罪名，贬到了更偏远的海南儋州。

元符三年（1100），哲宗崩逝，宋徽宗即位，苏轼被赦，渡海北归。建中靖国元年（1101）六月，苏轼在常州致仕，七月二十八日，病逝于常州。

在苏轼以前，文人词从唐五代开始，一直以男女艳情为基本主题，以情景交融抒发人生感受为基本形式。当然这个发展阶段也经过几次重要的变化，比如南唐词以冯延巳、李煜为代表，在词中融入士大夫的身世怀抱，在艳情一统天下的词坛之外别开一境；北宋初年柳永又以叙事的手法拓宽了抒情词体的表现途径。但词总体上仍是"旖旎近情"的，是以婉约柔美为主流风格，以抒情为主要功能，词为"艳科"的整体特色并没有得到根本的改变。

打个比方，以苏轼为标志，此前的文人词就像是温柔艳丽的女子，柔情万种，表现出女性化的阴柔之美，人们都已经认定了这就是词体的"本色"。

所谓本色，原意是指物体本来的颜色；用于词论，就是指词的本来面貌。从晚唐五代《花间》词开始，以艳情为本，以柔媚艳丽的阴柔美为美学风格，所谓的"柔情曼声"就被认定是词之"本色"，是词之"正体"。这种认知一旦稳定下来，就成了词坛牢不可破的主流评价标准，于是，凡是与这种本色认知不相符合的，就被认为是"变体"，是

"别调"。

苏轼的词在柔情中注入了阳刚宏大的男儿性情，就像是一位"关西大汉"，当他"老夫聊发少年狂"的时候，当他高唱"大江东去，浪淘尽、千古风流人物"的时候，北宋词坛这一池柔情荡漾的"春水"就被他这股强劲的风力吹皱了，甚至吹起了惊涛巨浪。人们惊讶地发现，词的"本色"被苏轼"破坏"了，苏轼的引吭高歌成了北宋词坛的"变奏"，是抒情小调中突然窜入的"不和谐音"。

更何况，词体本色还包含了对词体特殊的音律要求，而苏轼性情到处，往往并不刻意去迁就词的音律规范，"不喜裁剪以就声律耳"（《历代诗余》引晁以道语）。于是，就连苏轼自己的学生也对他这种"变奏"表示了委婉的反对，例如陈师道就说："子瞻以诗为词，如教坊雷大使之舞，虽极天下之工，要非本色。"（《后山诗话》）

陈师道对苏轼的这一段评价，一方面承认了苏轼的词就像教坊中"雷大使"的舞蹈，舞技自然是天下第一。但实际上，陈师道评价的核心不是赞美，而是批评：在词坛"独重女音"的北宋，由十七八岁的女孩儿，轻启朱唇，低唱"春风十里柔情，夜月一帘幽梦"，那才是词之本色。像雷大使这样的粗犷大男人，舞跳得再好，又怎么能与婀娜多姿的女孩儿家相比呢？

苏轼的另外两名得意弟子也不买苏轼的账。"东坡尝以所作小词示无咎、文潜曰：'何如少游？'二人皆对曰：'少游诗似小词，先生小词似诗。'"苏轼明显是带着自负的心态炫耀自己的作品，不过张耒和晁补之却顾左右而言他，不敢直接回答苏轼的词是好还是不好，只是"狡猾"地回答了老师："秦观的诗写得像小词，老师您的小词写得像诗。"可谓之为"婉讽"。

其实学生们的言外之意还是很明显的：秦观的诗虽然柔媚了点，他的词可确实是当之无愧的正宗本色；而苏轼的词却写得像诗，可见不是词的当行本色了。

三名得意弟子不约而同对苏老师的词做出了评价：你的词是写得很高明，可惜是诗不像诗，词不像词，"要非本色"。后来的李清照更是直言不讳地批评他的词，不过是"句读不葺之诗耳"，你以为把整整齐齐的诗句削成长短不齐的样子就变成词了吗？显然不是。

可见，就在苏轼得意于自己的词"自是一家"的时候，词坛主流却在坚守着词"别是一家"的本色认知，并且批评他是"以诗为词"，混淆了诗词的界限，背离了词体的正轨。

当然，苏轼也不是没有"铁杆粉丝"的。相反，他的"铁杆"还不少。例如就在一片批评声中，他的另一名学生黄庭坚就是坚定的"挺苏派"："山谷（黄庭坚号山谷道人）云：东坡书挟海上风涛之气。读坡词当作如是观。琐琐与柳七较锱铢，无乃为髯公所笑。"①

王士禛引用黄庭坚的评价，意思是：苏东坡的词和他的其他文学艺术作品一样，是裹挟着"海上风涛"之豪气的，哪里能跟柳永这样的忸怩作态的女儿家情态相提并论呢？

不论"倒苏派"和"挺苏派"争论得如何激烈，都影响不了苏轼自说自话，在北宋词坛另立门派。其实，他也不是有意识要"另立门派"，他只是我手写我心，性情到处，皆成词句，至于写出来的句子是像"诗"还是像"词"，他是不在意的。在他看来，诗也好，词也好，都只是他性情的载体而已。他根本无意于刻意去迎合词体本色，只是自然率性地抒发自己的性情本色。

性情本色的内涵显然是要比词体本色含义更为宽泛的。如果词体以阴柔美为本色，那么性情则更为复杂和丰富，性情有温柔者，有刚烈者，有浪漫者，有沉厚者，有淡泊者，有浓郁者，有旷达者，有敏感者……不同的人有不同的性情，即便是同一个人，在不同的情境下也会表现出不同的性情，又怎么能以"柔情"一言蔽之呢？

对于词人而言，当抒写其温柔敏感之性情时，其词风格自然符合"柔情"的词体本色；可当他抒写的是豪迈旷达的性情的时候，就不可能削足适履，强行塞进所谓的词体本色

---

① 王士禛《花草蒙拾》，《词话丛编》卷一，第681页。

中去了。

对性情丰富的苏轼来说就正是这样。他有温柔敏锐的一面，但更多的是豪迈旷达、通人情达事理的一面。因此他能写符合词体本色的婉约词，也常常不期然唱出或高亢或旷远的"别调"。在苏轼而言，风格的选择并非刻意为之，而是性情本色使然，就像张耒说的那样，"文章之于人，有满心而发，肆口而成，不待思虑而工，不待雕琢而丽者，皆天理之自然而情性之至道也"。

苏轼写词，就是"满心而发，肆口而成"的性情之作。他的词，不一定总是符合词体本色，却自然地展现了他的性情本色，是"不待思虑而工，不待雕琢而丽"的"天理之自然""情性之至道"。

总之，苏轼在性情方面对词体的拓展，在当世就引起了热议，虽然也有赞誉者，但批评的声音仍是主流。但我认为在苏轼引起的当世热议中，只是关注到苏轼在情感上的豪放偏离了婉约本色的传统，而没有充分注意到苏轼在"理"方面对词体内涵的突破和提升。

如果说"豪放"是看得见的一种突破，是风格的外在表现，那么融理入情就是一种隐蔽的突破。不遑说苏轼称得上真正豪放意义的词只有寥寥数首，从抒情的风格而言，柔情仍是苏轼词的主流。即使就这数首豪放词，其情感也是顿挫转折，有的更在结尾处将情感收束住，并非是那种一泻无余的豪放。

换言之，苏轼在情感上对词体的突破其实是相当有限的，只是因为苏轼的巨大名声和影响力而带来了出人意料的关注程度而已。

作为精通儒释道三家文化的苏轼，其思想的丰盈注定不会散落在词体之外。这样我们就看到了在宋代理学背景之下，苏轼词的理性风采。那种将对人生的参悟不动声色地渗透到词体中，可能是苏轼词更值得关注的地方。

或者说，苏轼对词体的贡献倒并不在于充实了豪放的感情，而主要在于以"理"提炼了"情"的境界，从而真正从内容上将词体的地位提升了起来。因此，我认为，以"豪放"来概括苏轼的性情与创作有失偏颇，我更倾向于赞同以"旷达"来评价他。相对于"豪放"而言，"旷达"更具性情的理性色彩。

概言之，旷达是以通达事理、洞察人世的智慧为基础表现出来的理性、达观的人生态度。失去了理性的智慧，旷达也就失去了赖以支撑的根基。苏轼性情本色的根基即在于这种理性的旷达，而这一本色无疑会深深融入苏轼为文、为诗、为词，乃至为人处世的一切活动中。

至于所谓的词体"本色"，苏轼也正是用了这种以不变应万变的旷达态度来对待的。在他的心目中，诗词本同源，其根本都在于真实的性情。因此，苏轼写词，可作柔情旖旎语，亦可作豪迈不羁语；可缠绵悱恻，亦可超脱豁达；可低吟浅唱，亦可引吭高歌……无论何种风格，都是其性情本色的外在流露。

唯其理性与智慧，他才能对自己"自是一家"的词的创作可能引起的种种非议具有充分的预见性与强大的"抗打击"能力；唯其旷达与通脱，他才能在柔媚婉约的本色词坛中特立独行，尽情抒发个人的性情本色，将人生哲理、豪情壮志与一往情深等诸多内容注入几乎是艳情一统天下的北宋词坛。

思想与理性的丰盈，成就了苏轼词创作内容的丰满与形式的丰富。当旷达的性情被注入词作当中，他的作品也就具备了旷达的理性色彩。"此心安处是吾乡"这句词就很精练地概括了苏轼的处世哲学：旷达与智慧。旷达是性情和人生态度，智慧则是修养和素质，只有智慧修炼到家的人，才可能真正拥有旷达的性情。因此，智慧是深埋在土壤中的根本，旷达则是沐浴在阳光下的繁茂枝叶。

融理趣入性情，情理交融，这才是苏轼词的独特魅力。

以前文提到的《定风波》（常羡人间琢玉郎）为例，如果说北宋年间用诗来讲道理发议论是宋诗的本色（例如江西诗派的特点就是说理议论），那么用词来讲道理发议论肯定不是词的本色。但是苏轼硬是将讲故事、讲道理、抒发感情很自然地融合在了一起。

从读者的鉴赏层面而言，不同的鉴赏角度也可以获得不同的审美享受。愿意听故事的：柔奴在逆境中的特殊经历本身就是一个足够生动的故事；愿意领悟到一定道理的："此心安处是吾乡"是足可以让人受益终身的人生哲理；愿意接受情感洗礼的：柔奴的美丽与淡定、苏轼的坚强与旷达，足以激荡起我们情感深处的共鸣。

情、理、事这三者，在别人那里可能是冲突的，在苏轼这里，却能调和出别样的美。这种美的根基，还在于他超出常人的性情之美。

如果要写出格律稳妥的词，我们可以通过模仿和练习来达到目的，也就是说通过学习和练习是可以贴近词体本色的；但性情却无法模仿和复制，它虽然主要是后天养成，却是以一种自然的状态存在于不同的个体身上。就像林黛玉不可能唱出薛蟠那样的小曲儿，李逵也不可能像薛宝钗一样用大段大段的大道理把人讲得服服帖帖。

清人田同之说得好："填词亦各见其性情，性情豪放者，强作婉约语，毕竟豪气未除。性情婉约者，强作豪放语，不觉婉态自露。故婉约自是本色，豪放亦未尝非本色也。"（《西圃词说》）尽管苏轼的词"要非本色"，但如果为了词体的所谓本色而扭曲了词人的真实性情，那词也就失去了美的根基：因为真正的美，必须建立在真情的基础之上。

因此，读苏轼的词，也应该尽量保持和苏轼一样的心态。

"此心安处是吾乡"，无论是讲故事，说道理，无论是婉约的，还是豪放的，无论是理性的，还是感性的……心安，就是性情，就是本色。

第八讲

佳期如梦，愁深似海——秦观

佳期如梦，愁深似海

——秦观

秦观（1049—1100），字少游，一字太虚，别号淮海居士、邗沟居士，高邮（今江苏扬州）人。北宋仁宗皇祐元年（1049）十二月出生于南康（今江西九江），元丰八年（1085）登进士第，宋徽宗元符三年（1100）卒于藤州（今广西藤县）。词集名《淮海词》，又称《淮海居士长短句》，存词100余首。

就家庭背景而言，秦观的家世远不如晏几道那样显赫，他在给老师苏轼的信中曾说家里有"敝庐数间""薄田百亩"，族人数十口，正常年份尚能维持温饱，但是"更遇岁饥"，则"食不足"。青年时期的秦观，慷慨豪隽，强志盛气，二十四岁时曾写下《郭子仪单骑见虏赋》，表现出他对于唐代大将郭子仪为人和功业的倾慕，决心"回幽夏之故墟，吊唐晋之遗人"，于是他或外出游历，或家居读书，或扁舟向南，或寄迹青楼。

尽管青年时代的秦观对政治和军事表现出强烈的兴趣，亦有相关精深的研究和精彩的论述，然而秦观在人们的印象中，无论是在当世还是在后代，他首先仍然是一位享有盛名的词坛大家，而且还是一个多才多艺又多情善感的"情歌王子"。他最擅长写爱情词，将细腻的感情写得凄婉动人是他的长处。后人评价他为"宋一代词人之冠"（李调元《雨村词话》），还有人甚至认为秦观的词在"情韵"方面，更在苏轼、黄庭坚之上（《四库全书总目》）。

词史上历来视"婉约"为词之正宗，而秦观又被视为是婉约词之正宗，他的词句如"两情若是久长时，又岂在朝朝暮暮"（《鹊桥仙》）"斜阳外、寒鸦万点，流水绕孤村"（《满庭芳》）"自在飞花轻似梦，无边丝雨细如愁"（《浣溪沙》）等几乎可以说是家喻户晓的名句。如果说苏轼的词是"要非本色"，那么他的弟子秦观的词则几无争议地被当成了本色当行的典范，既"能为曼声以合律"（贺裳《皱水轩词筌》），抒写《花间集》以来的传统主题——爱情，又能在继承《花间》遗韵的基础上，"自得清新"（刘熙载《艺概》）。

元丰元年（1078）夏天，秦观入京参加科举考试，途中到徐州拜谒苏轼，写下了"我独不愿万户侯，惟愿一识苏徐州"的句子，苏轼也写和诗回赠，由此开启了他这一生与苏轼共荣共衰的师生情谊。当年的秋天，秦观秋试不中，退居高邮，对才华横溢、饱读诗书的秦观而言，无疑又是一次沉重的打击。

第二年夏天，秦观与参寥子随苏轼南下省亲，来到会稽（今浙江绍兴）做客。三十一岁的秦观此刻正处于极度失意之中。科场失意的他，没有料到在客居会稽的短暂时光中，还能邂逅一份温柔美丽的恋情，温暖着他孤独失落的内心。

然而，会稽毕竟不是秦观的久留之地，当年岁暮，他就不得不离开会稽，继续为生活和前途而奔波。他只能压抑着内心强烈的眷恋之情，与善解人意的恋人依依话别。那是一个冬日的黄昏，远处的山峰上淡淡的云朵飘拂，仿佛是水墨画上轻轻涂抹的墨痕，枯黄的衰草仿佛一直延伸到天际。日落时分，城门外照例吹响了号角声，越发增添了词人天涯漂泊的凄凉之感。

白天喧嚣的渡口早已沉寂下来，只剩下词人与恋人默默相对。恋人盈盈如秋水的眼神盛满了忧郁与眷恋，秦观不忍离去，不愿离去，更不舍得离去，他暂时停下前行的脚步，与恋人再共饮几杯离别的淡酒。两情缱绻的往事，此刻却只能依稀在烟雾迷蒙的记忆中若隐若现，眼前的落日、寒鸦和缠绕孤村的流水，仿佛在静静诉说着令人黯然销魂的离情……

恋人轻轻解下系在腰带上的香囊，作为爱情的纪念。虽然难舍难分，可是游子终将离去，徒留青楼薄幸的名声，可有谁知道游子内心的凄楚呢？此地一别，不知何时再能重逢。衣袖上仿佛还残留着泪痕，而小船载着游子渐渐远去，伤心回首时，高城渐渐消逝在泪眼模糊中。万家灯火点亮了昏黄的暮色，却点不亮游子心头的黯然神伤。

离别的伤感、深情的留恋、功名的失意、对前途的茫然、对天涯漂泊的厌倦，种种情绪交织在一起，催生了秦观这首经典名作《满庭芳》词：

> 山抹微云，天连衰草，画角声断谯门。暂停征棹，聊共引离尊。多少蓬莱旧事，空回首、烟霭纷纷。斜阳外，寒鸦万点，流水绕孤村。　　销魂。当此际，香囊暗解，罗带轻分。谩赢得、青楼薄幸名存。此去何时见也，襟袖上、空惹啼痕。伤情处，高城望断，灯火已黄昏。

一首词，仿佛是一幅凄美的画面，又仿佛是一段凄美又无法言传的爱情故事，如泣如诉，如梦如幻。甚至有人说，像"斜阳外，寒鸦万点，流水绕孤村"这样的句子，即使是不识字的人听了，也会觉得这是天生的"好言语"。

此词一出，立即传唱四方。秦观还由此得到了一个雅号，被他的老师苏轼戏称为"山抹微云秦学士"，秦观的大名也更加响亮。

关于这首词还有一段逸事。

有一次，在杭州西湖边上，当地的官员们举行了一次盛大的聚会。在酒酣耳热之际，参加聚会的一位"公务员"随意地哼唱起了秦观的《满庭芳》："山抹微云，天连衰草……"不过，大概是喝多了的原因，他不小心将接下来的一句"画角声断谯门"唱成了"画角声断斜阳"。他身边不远处一位歌女琴操听到了，连忙小声提醒："大人，不是'画角声断斜阳'，是'画角声断谯门'。"

这位"公务员"被人纠了错，一时觉得很羞愧，下不来台，他斜着眼看了一眼琴操，装着醉意醺醺地说："我知道是'谯门'，我是故意唱成'斜阳'的。你既然熟悉这首词，那你能将接下来的歌词全部改成和'阳'字押韵的句子吗？"

琴操原本也是杭州数一数二的知名歌星，才华横溢，面对"公务员"的有意刁难，琴操并没有胆怯，而是抱起琵琶，轻启朱唇，随口就唱出了秦观的这首《满庭芳》，只不过所有韵脚都被改成了和"阳"押韵的字：

山抹微云，天连衰草，画角声断斜阳。暂停征辔，聊共饮离觞。多少蓬莱旧侣，频回首、烟霭茫茫。孤村里，寒鸦万点，流水绕红墙。　　魂伤。当此际，轻分罗带，暗解香囊。谩赢得、青楼薄幸名狂。此去何时见也，襟袖上、空有余香。伤心处，高城望断，灯火已昏黄。

这首词只改动了几个押韵的字，与原词相比，意境和情感都没有大的变化。由此可见，琴操即席改韵的机智与才华，更可见秦观的词深入人心的程度！

这下，不但"公务员"消了气，满座的宾客们都热烈地鼓起掌来。随着这个故事的流传，不仅琴操成了远近闻名的才女，连苏轼都听说了这个"八卦"消息，对琴操的才学很是赏识，当然，对他的得意弟子秦观更是感到由衷的喜爱了。

在苏轼的鼓励和帮助下，三十七岁的秦观终于在元丰八年（1085）考中进士，踏上仕途，先是除定海主簿，后又调任蔡州教授。就在这一年，宋神宗去世，年仅十岁的哲宗即位，哲宗的奶奶高太后"垂帘听政"，重新起用神宗时候因王安石变法被罢黜的旧党，以司马光为首的一批旧党人物纷纷返回京城，成为高太后的左膀右臂。

第二年，也就是1086年，改元元祐。苏轼当时已经被召还朝，经过连续升迁之后，被授予了翰林学士的光荣头衔，这就是古代社会知识分子的最高荣誉了。从这一年开始，几乎所有跟苏轼关系密切的苏门文人，都开始陆陆续续进入朝廷各个部门担任重要职务，这其中就包括了苏轼最喜爱的弟子秦观。苏轼也俨然成为元祐年间三大党派之一——蜀党的首领人物。元祐八年（1093）七月，秦观还和苏轼的另一名得意弟子黄庭坚一起，同时被任命为国史院编修官。

但是，好景不长，就在这一年的九月，支持旧党的宣仁高太后去世，哲宗亲政，开始重新任用新党。于是以苏轼为代表的"元祐党人"又相继被贬出京城，他们从"天堂"一下子掉到了"地狱"。苏轼在一个月内连续三次降官，被贬到广东的惠州。其他的苏门人物运气也好不到哪里去，黄庭坚先被贬到涪州、再到黔州……相比之下，秦观似乎运气还算好一点，先是出为杭州通判，又道贬处州（今浙江丽水），而处州还算是浙江境内风景秀丽的好地方。

政治上的严酷打击，家庭的无奈离散，精神上的持续折磨，让正当壮年的秦观对生活心灰意冷。多愁善感的秦观，在面对生活的挫折时，比他的老师、朋友都更加绝望，更加悲痛。

秦观的"多情"，在积极的一方面表现为他对爱情的真诚和执着，在消极的一方面却表现为性格上的柔弱和敏感，因此在身处逆境时更容易被挫折所打倒。

按道理说，苏轼被贬的地方广东惠州比秦观被贬的处州要荒远偏僻得多，而且他还比秦观大十三岁。可是六十多岁、远在惠州的苏轼还能自得其乐地享受着"日啖荔枝三百颗，不辞长作岭南人"的潇洒；而秦观还在浙江处州的时候，就已经发出了"飞红万点愁如海"的哀叹：

　　　水边沙外，城郭春寒退。花影乱，莺声碎。飘零疏
　　酒盏，离别宽衣带。人不见，碧云暮合空相对。　　忆
　　昔西池会，鹓鹭同飞盖。携手处，今谁在？日边清梦断，
　　镜里朱颜改。春去也，飞红万点愁如海。（《千秋岁》）

　　事实上，浙江的处州地处江南，气候和风景都很好，比
苏轼所在的惠州、黄庭坚所在的黔州条件好了不知道多少
倍。而且这首词一开篇也说明，秦观写这首词的时候正是冬
寒褪尽，暖意融融的春天，"花影乱，莺声碎"说明江南的
春光确实是非常美好。如果是苏轼或者黄庭坚在这样美好的
景色下，说不定又会有一番畅游的豪兴，可是多愁善感的秦
观在面对良辰美景时，却只是沉浸在对往昔的回忆之中。

　　"忆昔西池会，鹓鹭同飞盖。""西池"大概是京城开
封西边的金明池，不仅风景秀丽，而且还是皇帝经常游览赐
宴的地方，大约也是当年秦观和苏轼他们经常聚会的场所。
"飞盖"是朝廷官员所乘的车子上的伞盖，伞盖像"鹓鹭"
飞翔时那样一行一行地络绎而来，那是多么得意，多么繁华
的景象！可是在秦观看来，这种得意、繁华已经永远地成了
过去，现在的他，"飘零疏酒盏，离别宽衣带"，再也没有
豪兴和朋友们一起畅饮，而离别后的忧愁甚至让自己更加消
瘦。此时的词人，不由得发出了"日边清梦断，镜里朱颜改"
的悲叹。"日边"的"日"，在这里我们可以把它理解为君

王，"日边清梦断"则是暗示我们，这时候的秦观已经对仕途彻底失望了，报效国家与君王的理想彻底破灭了；而"镜里朱颜改"甚至还告诉我们，正当盛年的秦观，还只有四十多岁，但他的心，却已经老了，老得不再对未来抱有任何的希望。那飘零的落花，"飞红万点"，多么像海水一样无边无际、深不见底的悲哀啊！

在身处逆境时，苏轼的坚强豁达让我们崇敬，而秦观的脆弱无助却让我们情不自禁地产生了深深的同情和怜惜。当后来秦观在从郴州再贬横州、经过湖南衡阳的时候，他的好朋友衡阳太守孔毅甫挽留他在衡阳多逗留了些日子。秦观非常感激孔毅甫在他落难时对他的善待，于是在一次宴席上将这首《千秋岁》词呈献给孔毅甫。当孔毅甫读到"镜里朱颜改"这一句的时候，非常惊讶地说："少游盛年，何为言语悲怆如此！"言下之意很清楚：你秦观还很年轻啊，虽然此时的处境不怎么好，但以你的才华和名声，前途仍然是无可限量的，可你自己却已经在心态上失去了年轻的活力。所谓"哀莫大于心死"，秦观真的是已经心死了啊！

孔毅甫在送别秦观回来以后，还曾对他身边的人说：秦少游神情气质已经大不如前，大概就要不久于世了啊！据说当时的宰相曾布听到这首词后，也说过类似的话：少游可能要不久于人世了啊——哪有一个人已经"愁如海"了，还能活得长久的呢？

就在几年后，也就是宋徽宗元符三年（1100），秦观奉召北归，行至藤州（今广西藤县）时去世。

也许"飞红万点愁如海"真的特别能概括秦观的个性与词风：那种用极端鲜丽的色调来反衬黯然无边的愁绪，呈现出绚烂至极之后的飘零萧瑟之美，以水之深形容愁之切，与李煜"问君能有几多愁，恰似一江春水向东流"有异曲同工之妙。

让我们回过头来再看看处州时期的秦观——在处州任上的秦观也不得安宁，还是被人罗织罪名，再贬徙到湖南的郴州。这次贬谪可以说是彻底改变秦观命运的一次转折点，因为前几次被贬好歹还只是降官而已，朝廷至少还承认他是朝廷命官，还享受着分内的俸禄；可是这次贬往郴州，却被削去了所有的官爵和俸禄——他最终从朝廷命官变成了一无所有的"草民"。这时候的秦观，心里的悲苦凄凉是可想而知的。

绍圣三年，也就是公元1096年夏天，秦观从处州启程，拖家带口，途经浙江、江西，前往贬谪地——湖南郴州。就在这年的十一月十一日，秦观经过了湖南洞庭湖，面对浩瀚的洞庭湖，秦观写下了一篇《祭洞庭文》。在这篇文章中，秦观大发感慨，哀叹贬谪途中的艰苦和悲惨：一大家子二十几口人，老的老，小的小，弱的弱，病的病。这个时候他的老母亲已经七十多岁了，而且疾病缠身，实在没办法再跟随儿子长途跋涉，秦观只好让他们都留在江西，身边只带了儿子秦湛随行，继续漫漫长路，前往郴州。

秦观另外一首蜚声词坛的千古绝唱《踏莎行》，就是写在他的这个伤心地——郴州：

> 雾失楼台，月迷津渡，桃源望断无寻处。可堪孤馆闭春寒，杜鹃声里斜阳暮。　　驿寄梅花，鱼传尺素，砌成此恨无重数。郴江幸自绕郴山，为谁流下潇湘去。

王国维曾经评价说："少游词境最为凄婉，至'可堪孤馆闭春寒，杜鹃声里斜阳暮'则变而凄厉矣。"（《人间词话》）一语道出秦观词的基本风格：凄婉。这首词则在凄婉的基础上更增添了一份深深的愁绪，致使一向以凄婉著称的秦观在词中禁不住流露出比平时更为强烈的悲痛情绪。但就这首词而言，"凄婉"仍是整体风格，凄厉则是王国维透过外在呈现的词境，体会到蕴含其中的"言外之意"。

此词是在湖南郴州的一家旅馆里创作完成的。前人认为"少游坐党籍，安置郴州。首一阕是写在郴，望想玉堂天上，如桃源不可寻……雾失月迷，总是被谗写照。"（黄苏《蓼园词选》）

从时间上来看，这首词确实是"少游坐党籍，安置郴州"之后所作。"雾失楼台，月迷津渡，桃源望断无寻处。"词起首就营造了一派凄迷怅惘的意境：在浓厚的烟雾笼罩下，楼台被隐没在雾气中。"津渡"，本来是指渡口，但联系后一句的"桃源望断无寻处"，那么，这里的"津渡"应该并不是实指。陶渊明笔下的"桃花源"本来只是一个虚构的意象，不过很多人认为其原型就是现在湖南常德的桃花源。秦观既然被贬到湖南，联想到常德的桃花源也是情理当中的事。这里借用桃花源这个典故，说明词中的"津渡"是指通向桃花源的渡口。

既然"津渡"是虚景，那么"楼台"也未必是实景了。"楼台"应该是高耸挺拔、华贵富丽的地方，它很可能是代指巍峨庄严的庙堂。这样理解的话，"楼台"和"津渡"就被赋予了各自不同的象征意义：楼台象征入世的庙堂，津渡象征出世的田园，实际上是在朝和在野的区别。

在遭遇了接二连三的贬谪之后，秦观想在庙堂上大显身手的雄心壮志已经被打击得七零八落了。当他济世之心受挫，转而企图像陶渊明那样寻觅一方桃源净土的时候，通向桃源的渡口在朦胧迷离的月光下也看不到了。哪里才是宁静的、没有争斗的桃花源呢？词人真是前进无门，后退无路，进退两难了。

"雾失月迷，总是被谗写照。"桃花源、雾、楼台、月、津渡在此都有可能是虚景，因为真正在浓雾中迷失的并不是楼台和津渡，而是词人无所适从的内心。前途到底在哪里？

此时的秦观，内心一片迷茫。

"可堪孤馆闭春寒，杜鹃声里斜阳暮。"紧接着的两句就从内心的"虚景"转向了眼前的实景。"孤馆"应是词人当时暂时栖身的郴州小旅舍。

今天的郴州当然是城市繁华，人口兴旺；可是当年的郴州，在初来乍到、孤苦伶仃的秦观眼中，却是荒无人烟、凄凉冷僻之地。看看他这两首《题郴阳道中一古寺壁二绝》就可知一二：

> 哀歌巫女隔祠丛，饥鼠相追坏壁中。北客念家浑不睡，荒山一夜两吹风。
>
> 门掩荒寒僧未归，萧萧庭菊两三枝。行人到此无肠断，问尔黄花知不知。

饥饿的老鼠在破败的墙壁中窜来窜去，隔壁祠堂传来巫女的哀哀歌吟，暂时寄居荒凉古寺的词人，独自在寒风中瑟瑟发抖。寺庙里的僧人还没回来，陪伴词人的只有后园中残败的两三朵菊花。风雨交加的荒山野岭，这种荒凉的处境让他这个"北客"怎能不肝肠寸断、夜夜无眠、念念不忘自己的家乡呢？

"行人到此无肠断"，秦观，就是那个悲伤断肠的"行人"。

在这个小旅舍中，秦观同样感受到了断肠的痛苦。"可堪孤馆闭春寒”，“堪”，是承受的意思，“孤馆”既是指小旅馆的偏僻，也是指词人内心的荒凉。秦观刚到郴州的时候，大约是在绍圣四年（1097）的早春，因此他说“春寒”，早春的寒意还没有完全消退。“闭”，有封锁、封闭的意思。铺天盖地的孤独和寒冷包围了词人，仿佛将词人闭锁在其中，让他觉得逃无可逃、不堪忍受。

　　此时，黄昏中传来的杜鹃鸣叫声又在词人的伤口上再添了一把盐：“杜鹃声里斜阳暮。”

　　杜鹃，在中国的古典诗词里本来就是一个很悲情的意象。传说古代蜀国的君主名叫杜宇，又号望帝。望帝后来禅位退隐，不幸看到国家灭亡，又被迫与自己所爱的女人分离，最后在痛苦和寂寞中郁郁死去。杜宇的灵魂化作一只杜鹃鸟飞回蜀都，日夜哀鸣，声音凄厉幽怨，直到它的口中流血，滴血染红了漫山遍野的花朵，于是此花得名杜鹃花。例如李白写过的《宣城见杜鹃花》一诗云：“蜀国曾闻子规鸟，宣城还见杜鹃花。一叫一回肠一断，三春三月忆三巴。”“子规”就是杜鹃的别名。李商隐也有“望帝春心托杜鹃”的句子。杜鹃、春天合在一起渲染的就是一种令人心痛断肠的悲伤情绪。也因此，王国维读到“可堪孤馆闭春寒，杜鹃声里斜阳暮”两句时才会说少游词境至此一变“凄婉”为“凄厉”也。杜鹃凄厉的鸣叫声其实就是秦观自己的凄凉断肠音。

　　在如此艰难的生活和悲凉的心境中，词人也不是完全没有心灵的安慰。下片"驿寄梅花，鱼传尺素"应该就是秦观在贬谪途中得到过的安慰。这两句词都是与书信相关的两个典故，说明词人收到了远方的来信。

第一个典故，南朝时候的陆凯曾经从江南折了一枝梅花，寄给他远在长安的好朋友，并赠了一首诗："折梅逢驿使，寄与陇头人。江南无所有，聊赠一枝春。"于是后人就用折梅来代表传递感情的书信了。李清照就写过一首咏梅词，其中有一句："一枝折得，人间天上，没个人堪寄。"说的就是丈夫赵明诚去世后，她即使能折下一枝梅花，可是与丈夫却已经是"人间天上"，天人永隔，梅花在手，四顾茫然，又能寄给谁呢？这番千回百转的情意，又能向谁诉说呢？

第二个典故，"鱼传尺素"则是来自一首古乐府诗《饮马长城窟行》："客从远方来，遗我双鲤鱼。呼儿烹鲤鱼，中有尺素书。""尺素"，是指写在绢帛上的书信，长度往往在一尺左右。古人将书信置于鲤鱼形状的信匣子里捎给远方的友人，以寄托相思之情。因此，鲤鱼、尺素在古典诗词中都具备了"信使"的寄托意义。

这两个典故都是写珍贵的情谊。可以猜到，秦观在贬谪途中，远方的亲人和朋友并没有忘记他，还在给他邮寄礼物和书信。这本来是一种宝贵的精神安慰，可是在灰心到极点的秦观看来，来自远方的书信和礼物，更让他触景伤情，倍增痛苦。"砌成此恨无重数"，一个"砌"字，就是极言这种痛苦的深度与强度。

大家大概都看到过砌房子，那是将砖石一层一层垒上去的过程。可是词人却说他的"恨"也是像砌房子一样，一层又一层，层层叠叠，到底砌了多少层他已经数不清了，只知道满腔悲愤就好像砌得越来越高越来越厚的一堵围墙，他已经没办法将它推倒冲出去了。在绝望中，词人忍不住发出最后的哀叹："郴江幸自绕郴山，为谁流下潇湘去。"

如果说，词的前半部分是从脑海中浮现的虚景，到眼前的实景，再深入写到词人内心深处的悲情，那么这最后两句就是所有悲情的集中爆发了。郴江和郴山都是郴州的山和河流；潇湘，则是湖南境内潇水和湘水两条河流的并称，这两条水系在今天湖南的永州汇合。"幸自"是本来的意思。这两句词，字面上的意思很好理解：郴江本来是好好地围绕着郴山转的呀，却为何要离开郴山，流到潇湘去呢？

可是，越是字面上看上去很简单的句子，越是容易被人弄出很多复杂的解释来。

于是有人说："少游坐党籍，安置郴州，谓郴江与山相守，而不能不流，自喻最凄切。"（《草堂诗余》正集卷一）有人认为秦观是因为元祐党争受到牵连被贬到郴州，看到郴江与郴山本来是想厮守在一起的，却身不由己地要离开，这使他联想到了自身的遭遇：他本来是想和苏轼那一群志同道合的朋友、想和君王长相厮守，施展自己的才华和抱负，最终却被卷入政治旋涡，而不得不远离他们，孤零零地流浪到异地他乡啊！

有人则认为，秦观是在发挥自己的想象：连郴江都耐不住郴山的寂寞而选择了离开，流到远方去了，可是自己不是自由之身，没办法决定自己的去留，只能孤独地守在这个荒无人烟的地方继续受苦。

不过还有一个理解的版本，"秦少游发郴州，反顾有所属"（周辉《清波杂志》），于是才写了这首《踏莎行》。"反顾有所属"，当然是说秦观心中有所属意的人，而又不能明说出来。这位让秦观梦萦魂牵的女子到底是谁，秦观没有明说。但是在洪迈的《夷坚志补》中，记录了这么一位痴情的女子，或许也是秦观此刻的"所属"。

故事发生在秦观从处州往郴州的途中。秦观路经长沙时无意中遇见一个他的"女粉丝"，这位女子容貌绝美，居所雅致，最喜欢吟唱秦学士之词，甚至愿做他的小妾或丫鬟。秦观被长沙歌女的痴情与多情深深打动，大有相见恨晚之意，女子的柔情似水也让秦观眷恋不已。

可是此时的秦观毕竟还是戴罪之身，作为"罪人"的他，没有人生选择的自由，无法与女子长相厮守，他必须离开，继续前往贬所——郴州。

秦观走后，女子从此闭门谢客，只与母亲同住，连官府的召唤都再三推辞，守身如玉，痴痴等待着秦观被赦免北还的那一天。

几年之后的一个下午，女子从噩梦中惊醒，便觉这梦并非吉兆，连忙派人往南去打听消息，果然——秦观已于元符三年（1100）八月二十日殁于藤州（今广西藤县）。得知此噩耗以后，女子换上丧服，日夜兼程几百里，终于赶上了秦观的灵柩，她抚摸着秦观的棺木，绕棺三周，大哭一声，气绝而亡，这位痴情的女子终究与秦观永远相守于地下了……

秦观来到郴州之后仍然让他梦萦魂牵的那个人是否就是这位长沙歌女，秦观没有明说，我们当然也不好瞎猜。不过此词中"桃源望断无寻处"一句，虽然让人很容易马上联想到陶渊明笔下的桃花源（隐士的象征），但是在中国古典文学里，桃源还有另外一层含义。这个典故出自南朝宋刘义庆的小说《幽明录》，讲的是刘晨、阮肇在桃源遇到仙女并且还发生了一段浪漫爱情的故事：

相传在东汉明帝永平五年（62），剡县的刘晨、阮肇到天台山采药，走着走着两人迷了路，在山里转了十多天，没找到回家的路。他们带来的干粮早已吃了个精光，正在饿得两腿发软的时候，一抬头看到山上有一棵硕大的桃树，已经结了红彤彤的桃子。于是他们抓着山崖上的藤葛，手脚并用，才终于爬到桃树旁边，大啖了一通甜爽可口的桃子之后，才悠哉悠哉下山，顺着一条山中的小溪走着走着，竟然遇到两位姿容绝世的妙龄女子。这两位女子盛情邀请他们去家里做客。刘晨、阮肇自然是欣然跟随她们前往，只见女子的居所华美温馨，侍婢环绕，饮食精美细致。

刘、阮二人饱餐一顿后，女子又捧上美酒，一群同样年轻美貌的女孩子笑意盈盈地过来，每人手上拿着几个桃子，对那两位女子说："咱们特来庆贺你们喜得佳婿啊！"

刘、阮二人在困境中忽然遇到这样美妙的事，自然是又惊又喜，于是留在女子家中，如同新婚夫妻一般度过了十来天。

神仙般的日子虽然舒适惬意，刘、阮二人毕竟惦念家人，他们入山采药算算已经差不多个把月了，杳无音讯，还不知家人怎么着急呢。于是向两位女子告辞，女子却依依不舍地说："郎君和我能够相遇相识，本是上天赐予的缘分，又何必念念不忘家乡呢？"刘、阮二人也不忍心就这样突然辞去，又在山中逗留了一些日子。直到第二年春天，桃花再次盛开的时候，思家的情绪越来越浓厚，这一次，他们不顾女子的苦苦挽留，只是安慰她们说："我们回家去看看，再回来和你们相聚。咱们只是暂别，并非永诀，何必如此伤心呢？"

女子挽留不住归心似箭的刘、阮二郎，只好按照来时的路再将他们送出山去。

刘、阮二人终于回到了他们居住的村庄，然而，令他们大跌眼镜的是：他们曾经熟悉的小山村除了山水依旧碧绿，桃花依旧粉红之外，房舍、村民都已经大异其貌。他们拦住好几个村民一问，彼此都不认识，就这样走走问问，好不容易碰到一个和他们同姓的村民，仔细一问，竟然已是他们的第七世孙。这个村民依稀还记得老一辈曾经传说过：他们村是有这么两个祖先上山采药，从此未归，于是有人说可能是采药的时候摔死在山崖中了，有人说只怕是在深山里迷路饿死了，有人说会不会是碰到神仙升天了……反正时间隔得越久，越是传得神乎其神。

刘、阮二人这才恍然大悟，他们遇到的那些女子并非凡人，而是神仙。这一段人仙恋爱的浪漫传说竟然是因为一棵桃树而结缘。他们这才明白：山中一日，世间一年，他们苦苦思念的家乡早已不再属于他们。晋太元八年（383），刘、阮二人突然再次失踪，大家纷纷传说：山中的桃花源才是他们真正的归宿……

刘、阮桃源遇仙虽然只是一个神话故事，但"桃源""桃源洞""桃花洞""桃源遇仙"却成了后来诗词中频繁化用的典故，用来比喻邂逅的传奇爱情经历或者浪漫的约会地点。

因此，在中国古典诗词中，"桃源"意象拥有了两个特殊的象征意义，一个是陶渊明《桃花源记》奠定的隐士传统；另一个则是刘、阮天台山桃源遇仙奠定的爱情传统。

"桃源望断无寻处"如果解释为刘、阮桃源的典故，那么"雾失楼台，月迷津渡"都应该是仙境中的景色了。

在秦观被贬谪之前，他的生活其实是很风流浪漫的，我们熟悉的他那些经典词句，如"两情若是久长时，又岂在朝朝暮暮"等其实大多是描写他和歌女们的艳情。一旦遭遇贬谪，曾与他花前月下的女子就不得不与他分离，而这种分离不知什么时候才是尽头。随着秦观贬谪之地越来越荒远，曾经让他迷恋的似水柔情、如梦佳期也离他越来越远。功名的失落和爱情的失落交织在一起，让敏感多情的秦观不堪重负。

这样看来，"驿寄梅花，鱼传尺素"，可能是亲人的牵挂，可能是朋友的劝慰，亦有可能是传递着恋人的相思。因此，秦观在捧读彩笺，回忆温馨甜蜜的过去，再反观惨淡冷酷的现实的时候，才会发出"砌成此恨无重数"的深切悲叹。

"郴江幸自绕郴山，为谁流下潇湘去"又何尝不是恋人之间的决绝语？恋人寄来的彩笺，既传递着绵绵的相思，也捎来了她痴痴的怨恨：我本来是和你相依相偎在一起的，可现在你又因为谁要舍我而去，独自流下遥远的潇湘呢？

这样看上去，谪居之恨和相思之情都挺合乎逻辑的。那么，到底哪一种解读才更接近《踏莎行》的原意呢？

关于这个问题的标准答案，我想只有秦观一个人知道。

不过没有标准答案不要紧，鉴赏，本就带点儿再创造的意味，需要有一点"作者未必然，读者何必不然"的精神。读诗品词不只是一味地去揣测作者是什么意思，更要体会的是：我，在此刻读到了什么意思。经典之所以不朽，正是因为它可以常读常新。

中国的文人，在生活当中他们可以把爱情和功名事业割裂开来；但是在诗词作品当中，他们又往往把爱情和功名事业含混在一起，将他们对人生、对命运、对情感的无奈通通糅合在一起，让你无从分辨他们的真实意图。

秦观的词，有很大一部分也是这样。因此，我很愿意借清代词学家周济的一句话来评价秦观的这一类作品："将身世之感打并入艳情。"（《宋四家词选》）爱情的获得与失落，身世的顺境与逆境，在表现形式上或有不同，在情感的体验上却完全有相通之处。

对于西方的诗人来说，将一个人的恋爱史说完，往往也就等于说尽了他的生命史。对于中国的诗人来说，爱情本身没有那么至高无上，但爱情意识一旦融入身世悲感，往往就在文学史上占据了制高点，具备了成为经典的可能。

因此，"郴江幸自绕郴山，为谁流下潇湘去"，无论是理解为爱情意识，还是理解为身世感怀，在它呈现出来的凄怆美、悲情美这一点上其实都是共通的。如此悲愤而深刻的命运感慨，却以向自然山水景观发问的形式来表达，正可见词人匠心独运之处。山水无情人有情，正因为词人的情感如此深厚，才让无情的山水具备了打动人心的力度。

难怪连秦观的老师苏轼也对这两句词尤其钟爱。甚至在秦观去世之后，苏轼还将秦观这首《踏莎行》的最后两句：

"郴江幸自绕郴山，为谁流下潇湘去"写在自己的扇子上，还题了一句跋："少游已矣，虽万人何赎。"（少游已经永远地离开了，即使再有千千万万的人，又有谁能替代得了他呢？）

苏轼在他所有的学生中，最喜欢秦观这个学生。苏轼喜欢秦观的原因，除了秦观的才情之外，还有可能是觉得他所有弟子中，文风最像他的就是秦观。据说当年苏轼到扬州的时候，秦观事先得知了这个消息，就故意模拟苏轼的笔迹，题了一首诗在寺庙的墙壁上。苏轼看到墙上的诗吓了一跳：我什么时候到过这里，还写了这么一首诗啊？过了几天，就有朋友拿了秦观的诗集给苏轼看，苏轼看完才恍然大悟：那在寺庙墙壁上题诗的不是别人，肯定就是这秦观了。所以后来苏轼在苏门四学士中"最善少游"也是可以理解的了。

在词中"将身世之感打并入艳情"，这并非秦观的首创，但作为一流的高明词人，他显然将这种写法推向了又一个高峰。清人冯煦说"少游以绝尘之才，早与胜流，不可一世；而一谪南荒，遽丧灵宝。故所为词，寄慨身世，闲雅有情思，酒边花下，一往而深；而怨悱不乱，悄乎得《小雅》之遗。后主而后，一人而已。"（《宋六十一家词选例言》）

灵宝，就是精气神的意思。秦观成名很早，才华横溢，本来以为自己可以在政坛与文坛上大放光芒，可没想到一贬再贬，早年那种精气神几乎丧失殆尽。身世的骤转急下，让他的词在传统的艳情题材中融入了更为深厚的生命悲感，也成就了他在词坛的不二地位。

当然，从词史上来看，几乎所有词人的身世转变，都会带来词风的转变，但并不是每个人的转变都和秦观雷同，不同的才情秉性会造就不同的词风转变。例如同样是被贬谪的身世经历，当时和秦观一同被贬出京城的还有苏轼、黄庭坚等人。苏轼被贬到广东惠州，黄庭坚被贬到贵州的黔州，地方都要比秦观的贬谪地更为荒远，条件也更为艰苦。但由于性情的差异，三个人的心态在诗词中的表现有很大的差异。前人有一段比较的话说得甚为中肯："少游钟情，故其诗酸楚；鲁直学道休歇，故其诗闲暇。至于东坡……则英特迈往之气，不受梦幻折困，可畏而仰哉！"（惠洪《冷斋夜话》）

秦观的性格多愁善感，心性最为脆弱，因此当他遭遇外来压力和挫折的时候，受到的伤害也最深，所以"其诗酸楚"，可谓"砌成此恨无重数"；黄庭坚（字鲁直）因为对老庄的道家思想领悟颇深，能够做到顺应自然，处变不惊，所以"其诗闲暇"，也就是从容不迫的意思；苏轼则以其旷达乐观的处世态度，屈伸自如，随遇而安，所以他的诗往往豪迈脱俗，不会因变幻的世事而纠结痛苦。

如此一比，苏轼和黄庭坚是以一种超然世外的态度来化解悲情，秦观则是以一种一往而深的入世态度来承受悲情，因此他的词就比苏轼和黄庭坚来得更为凄婉动人。

如果说苏轼是词中之仙，那么秦观就是地道的"词人"，将剪不断理还乱的爱恨情愁撒满人间烟火。

"词仙"我们只能仰望，人间烟火却天天在我们身边。

第九讲

曲尽其妙，浑然天成——周邦彦

曲尽其妙，浑然天成

——周邦彦

周邦彦（1056—1121），字美成，号清真居士，宋仁宗嘉祐元年（1056）出生于钱塘（今浙江杭州），卒于宋徽宗宣和三年（1121），经历北宋仁宗、英宗、神宗、哲宗和徽宗五朝。词集名《清真集》，一名《片玉词》，存词200余首。

二十四岁那年，也就是宋神宗元丰二年（1079），周邦彦第一次来到都城汴京，成了一名太学生；元丰六年（1083），周邦彦写了一篇文采飞扬的《汴都赋》献给宋神宗，神宗大为叹赏，当即命令一位很有学问的朝廷高官当众朗诵这篇赋。可是这个博学的官员竟然好多字都不认识，只能按偏旁去推测字的读音。宋神宗觉得周邦彦简直是个奇才，年纪轻轻，"大学"还没毕业，可学问已经超过了很多名家宿儒，于是将他从一个太学生直接破格提拔为"太学正"，相当于从一个大学生直接提拔为大学的教务处长或者是学工部部长之类的职务。

五年后，也就是宋哲宗元祐二年（1087）春，周邦彦才第一次告别京城，出任庐州（今安徽合肥）教授。

宋哲宗元祐八年（1093），三十八岁的周邦彦出知溧水县（今江苏南京溧水区）。溧水在当时属于江宁府，靠近如今的南京市。在此期间，周邦彦感慨于金陵旧事，创制了《西河·金陵怀古》：

> 佳丽地，南朝胜事谁记？山围故国绕清江，髻鬟对起。怒涛寂寞打孤城，风樯遥度天际。　　断崖树，犹倒倚，莫愁艇子曾系。空遗旧迹郁苍苍，雾沉半垒。夜深月过女墙来，伤心东望淮水。　　酒旗戏鼓甚处市？想依稀、王谢邻里。燕子不知何世，入寻常、巷陌人家相对，如说兴亡斜阳里。

周邦彦这首《西河》我们读完会有似曾相识的感觉，就好像是"远别重逢"的老朋友一样，而且这一次"重逢"还不止一位老朋友。我们第一眼认出来的也许是这两位最熟悉的"老朋友"：

其一，刘禹锡《石头城》："山围故国周遭在，潮打空城寂寞回。淮水东边旧时月，夜深还过女墙来。"

其二，还是刘禹锡的《乌衣巷》："朱雀桥边野草花，乌衣巷口夕阳斜。旧时王谢堂前燕，飞入寻常百姓家。"

唐朝诗人刘禹锡的两首诗都是吟咏金陵（今江苏南京）的名篇，现在却完全融化在了周邦彦的《西河》词中。

在诗词中引用或化用前人成句并非周邦彦首创，我们熟悉的很多千古名句其实都是对前人成句的"点铁成金"。例如曹操的"青青子衿，悠悠我心"就是完整袭用《诗经》里的句子；初唐诗人王勃《滕王阁序》中的"落霞与孤鹜齐飞，秋水共长天一色"是从庾信《马射赋》"落花与芝盖齐飞，杨柳共青旗一色"脱胎而来；宋代诗人林逋咏梅花的"疏影横斜水清浅，暗香浮动月黄昏"就是化用"竹影横斜水清浅，桂香浮动月黄昏"的句子；前面我们讲过的晏几道"落花人独立，微雨燕双飞"也是完整袭用前人的成句……

"点铁成金""夺胎换骨"这一创作手法在宋代更是从理论上被推向了一个巅峰，"江西诗派"的领袖人物之一黄庭坚就说过："古之能为文章者，真能陶冶万物，虽取古人之陈言入于翰墨，如灵丹一粒，点铁成金也。"（《答洪驹父书》）

而词坛大家周邦彦实亦堪称"夺胎换骨""点铁成金"的典范。

"佳丽地，南朝胜事谁记？"《西河》词题标明了是"金陵怀古"，应该是周邦彦来到金陵时，这座历史名城带给了他无数感慨，因而催生出这首咏史怀古名篇。中国的文人往往在咏史诗词中寄托自己对于历史兴亡、人事变迁、命运沧桑的种种见解和感悟，周邦彦也不例外。不过，他的开篇却很别致，金陵是六朝金粉之地，她的"艳名"在明末清初再度传布开来，功臣就是著名的"秦淮八艳"（又称"金陵八艳"）。而在北宋，金陵的"艳名"也许还不及扬州等地。不过，既然周邦彦被公认是当行本色的词人，词作主题自然往往不离"艳情"，因此，他对金陵的感慨首先就从"佳丽地"发端了。

其实，"佳丽"也是一位我们熟悉的"老朋友"。

南朝诗人谢朓写过一首《入朝曲》，头两句就是："江南佳丽地，金陵帝王州。"当年谢朓吟咏金陵，主要是想借金陵的帝王气象表达自己要跻身朝堂、施展功名抱负的理想。周邦彦则反用谢朓诗中的典故，发出了更沉重的质问：如今的金陵城仍然是美女如云，可谓处处莺歌燕舞，红袖飘飘；可是在这一片艳丽繁华之下，谁还能想起金陵这座雄伟牢固的城池也曾经是有着赫赫帝王之气的六朝古都呢？言外之意，别看现在的金陵如此富庶繁华，如果没有远大的目光和强悍的手段，今天的富贵也许就会被明天的烟尘所覆盖。

这样的开篇真有一点振聋发聩的意味了！

周邦彦活跃的时代，正是宋神宗、哲宗、徽宗三朝，应该说是大宋王朝最为鼎盛的阶段。表面上的繁华富庶掩盖了激烈的朝政危机：朝廷内部党争不断，边境屡屡受到北方少数民族的威胁，国家形势岌岌可危。皇帝和文武群臣常常沉溺在太平盛世的奢侈享乐中，似乎全然不觉国家的危机正在步步逼近。而金陵这座六朝古都（六朝古都是唐人说法，事实上五代亦有立金陵为都城者，如南唐），其煊赫的历史更容易让人联想到王朝的兴替、国家的兴亡。

当然，此时的周邦彦还未必有那样的远见，能够预见到二十多年后北宋的灭亡。可当词人来到金陵，目睹了金陵的繁华太平，联想到这座古都经历的沧海桑田，内心难免涌起强烈的忧患意识。因此，词人才会提笔就是一句掷地有声的质问："佳丽地，南朝胜事谁记？"

这样的质问不知道能不能惊醒在富贵温柔乡中醉生梦死的朝野君臣，让他们若有所悟呢？

"山围故国绕清江，髻鬟对起。怒涛寂寞打孤城，风樯遥度天际。"这四句就是化用刘禹锡的《石头城》诗了。刘禹锡诗中的原句是："山围故国周遭在，潮打空城寂寞回。"诗中流溢的是一种追溯历史兴亡之后的萧瑟寂寞。这两句诗一经周邦彦的化用，立即显出"顿挫""拗怒"之美。

"顿挫"既是指声调的高低抑扬、停顿转折，也是指意思的曲折回环、跌宕起伏。所谓"拗怒"，字面上的理解是强行压抑住愤怒从而转移情绪的意思，用于诗词创作理论，则是指不按常规格律加以变化，将原本上扬的声情加以抑制，然后呈现出更大的感情力度和激昂发越的美感。

比如说，五、七言诗词的调式，一般在每个句子中是两平两仄相互穿插的，我们熟悉的晏殊的名句"无可奈何花落去，似曾相识燕归来"，就是"平仄仄平平仄仄，仄平平仄仄平平"的调式。上一句以去声字"去"结，下一句则以平声字"来"作为韵脚结尾，在音律上就起到了中和平复的作用，使词句呈现和谐舒缓之美。而晏殊的词从整体的内涵上来说表现的也应该是一种理性、节制的平和之美，因此调式的选择和词要表现的情感内涵是完全匹配的。

反之，诗词则可能呈现拗怒美。我们可以大声吟诵一下周邦彦的这四句词，用心感受一下"平平仄仄仄平平，仄平仄仄。仄平仄仄仄平平，平平平仄平仄"的声调，我们会发现词人不但在句中打破了两平两仄交替的惯例，经常连用三个仄声字，而且押的是仄声韵，音调上就给我们营造出一种整体上的拗怒感，不同于刘禹锡原句的"平平仄仄平平仄，平仄平平仄仄平"的平和之美。

再从意蕴上看，刘禹锡原诗突出的是兴亡之后的萧条寂寞，仿佛是诗人一声轻轻的长叹；周邦彦感受到的却是惊涛骇浪。"山围故国绕清江，髻鬟对起。"金陵城四面环山，历来被认为是虎踞龙盘之地；既有长江天堑可以依靠，又有秦淮河贯穿其中，可谓依山傍水，充满灵气。金陵地势总体上是北高南低，词人伫立城中，向北眺望，看到一左一右高高矗立的山峰就像女子头顶高高盘起的两个发髻。

"怒涛寂寞打孤城，风樯遥度天际。"樯，本是指船上悬挂风帆用的桅杆，这里代指船。这两句的意思是说：山峰包围下的金陵就好像一座"孤城"，任凭长江的"怒涛"一波接一波地拍打着岸边，一叶孤舟在汹涌的波涛中渐行渐远，好像要挣扎着驶向遥远的天边。这似乎是很惊悚的一幕场景：一边是惊涛骇浪，一边是风雨飘摇的帆船。词人似乎在暗示着什么，但是他并没有给出明确的回答。那一叶帆船是摇摇欲坠的大宋江山吗？

上片到这里戛然而止。我们接下来再看中片："断崖树，犹倒倚，莫愁艇子曾系。空遗旧迹郁苍苍，雾沉半垒。"在这几句中我们又看到了一位"老朋友"——古乐府诗《莫愁乐》："莫愁在何处，住在石城西。艇子打两桨，催送莫愁来。"不过，周邦彦将古乐府诗的句子很自然地融化在他的想象中：一棵很有年头的老树倒倚在断崖之上，这一幕再次激发了词人绵延今古的联想。当年莫愁姑娘的小艇就是系在这棵老树上的吧？这里又显出了周邦彦词的"顿挫"之妙。刚刚还是怒涛拍岸的激越拗怒，紧接着又以柔情稍作舒缓。

莫愁是一个流传在金陵的优美传说。莫愁是洛阳一位善良美丽的姑娘，卖身葬父远嫁金陵，后来丈夫被征兵远戍，长年未归。莫愁姑娘化作一泓湖水，想要流到丈夫戍边的地方。这泓湖水就被命名为莫愁湖，直到如今，莫愁湖还是南京城内一处著名的风景胜地。

莫愁也曾经是金陵的"佳丽"，如今却已芳踪远逝，眼前只剩下系过莫愁小艇的老树。只留下她曾经到过的"旧迹"，浓郁的云雾，若隐若现地掩盖住了半边城墙的营垒。

"夜深月过女墙来，伤心东望淮水。"女墙，是城墙上端呈凹凸状连环起伏的矮墙，墙上之人可以通过矮墙的凹陷处窥视城外的动态，具有隐蔽的军事防御功能。

此处词人再次化用了刘禹锡的诗句："淮水东边旧时月，夜深还过女墙来。"化用后词句的意蕴也有所变化，寂寞凄凉的深夜，只有冷冷的月色透过女墙，月儿仿佛也在伤心地向东方眺望着淮水。淮水这里应该不是指淮河，而是指金陵城内的秦淮河。白天熙熙攘攘的秦淮河此时笼罩在凄冷的月色之中，越发显得苍凉清寂。

与上片以拗怒激越为主的格调相比，中片的语气显得舒缓平静得多。我们的情绪也仿佛随着词人的情绪潮涨潮落，从怒涛拍岸的汹涌来到了月色如水的凄清。如果说上片的情感密如鼓点，那么中片的情绪则疏淡有如低沉的箫声，穿过夜色，穿过历史，传递着悠长的叹息。

下片"波涛"再起。"酒旗戏鼓甚处市？"和上片起句一样，下片转折处又是一个惊问：当年酒旗飘飘、戏鼓咚咚的热闹繁华景象，如今再到哪里去寻找呢？上片的问题"南朝盛事谁记"，词人已经给出了答案：人事沧桑变化，能够见证历史风云的就只有不变的山山水水了，故云"山围故国绕清江"。

下片的这一问——"酒旗戏鼓甚处市"，和上片的问题异曲同工，山水是历史的见证，人的记忆也可以穿越历史。当然，可以穿越历史的记忆总是借助于不朽的文字，例如刘禹锡的《乌衣巷》就提供了这种穿越的可能。

下片的句子其实都是融化了刘禹锡的诗句，来回答"酒旗戏鼓甚处市"这个问题。"想依稀、王谢邻里。燕子不知何世。"也许金陵古都的昔日繁华只有在回忆当中才能依稀见到了吧？南京的乌衣巷，在东晋的时候是王导、谢安这些豪门世族聚居的地方。当时曾经在王谢家族堂前"安家"的燕子，它们曾是贵族家的"邻居"，如今也随着这些大家族一一消逝在历史中。

"入寻常、巷陌人家相对，如说兴亡斜阳里。"当年高贵的燕子，如今不得不在普通老百姓的屋檐下栖身。这些燕子，就好像已经没落的贵族子弟，只能在斜阳西下的时候，絮絮叨叨地诉说着辉煌的过去。

"酒旗戏鼓甚处市"一句，连用五个仄声字，以"仄平仄仄仄仄仄"的拗怒之问领起下片，情绪是相当强烈的。可后面的回答"想依稀、王谢邻里"却以相对较为舒缓的语气，逐渐平息了这种拗怒。就仿佛提问的是一个年轻气盛的少年，一副要打破砂锅问到底的气势，回答问题的却是一个饱经沧桑的老者。少年追切地要向历史追问一个真相；老者却只是轻声地叹息：在浩淼的历史长河中，人的力量太渺小⋯⋯

有人说，同一般的怀古咏史诗不同，周邦彦这首《西河》似乎没有表现出作者明显的情感倾向和对历史的态度，词人的情感似乎有些缥缈不落实处。不过我以为，人生和历史的哲理固然可以提升作品的深度，但词固无须以言理为目标，感性的抒情仍旧可以创造出别样的美感。而且，善读词者，也可以从纯粹的写景抒情中提炼出自己的理性体悟。

"入寻常、巷陌人家相对，如说兴亡斜阳里。"一声悠长的叹息，结束了这首极具顿挫回环之妙的长调词。

《西河》主要是融化前人的诗句而成，词人自己的"创意"似乎较少，就像王国维批评周邦彦说的那样："但恨创调之才多，创意之才少耳。"（《人间词话》）

王国维的批评确有一定道理，但周邦彦在化用前人诗句的时候并非一味地简单"抄袭"，而是自有创新之处，也就是所谓的"点铁成金"了。当然刘禹锡的诗本就是千古名篇，也是一块熠熠闪光的金子，但刘禹锡这块"金子"经过周邦彦重新熔铸打磨之后，释放出了与原作不同的美。那么，这种不同的美是如何表现出来的呢？

《西河》的词意与刘禹锡的原诗相差不大，但刘禹锡的诗整体上趋于平和节制，周邦彦的词则将情绪的跌宕起伏与声律的拗怒顿挫巧妙地糅合在一起，有时高扬，有时低缓，有时节奏密集，有时又旋律悠长，这样复杂的变化是齐言的七言绝句难以做到的。

我们常说"言为心声"，语气音调的轻重缓急能够反映出心绪的剧烈变化。可以说周邦彦的词在化用了刘禹锡的诗后，利用词调独特的音声表现力，将情感的表现力也推向了更深更强更广的境界，"点铁成金"的妙用大概就在此吧。就好比站在我们面前的，明明是"远别重逢"的老朋友，但这个老朋友显然已经脱胎换骨，是那种"士别三日当刮目相看"的老朋友了。

对于周邦彦的这种能力，连批评过他的王国维也不得不承认："读先生（周邦彦）之词，于文字之外，须更味其音律。今其声虽亡，读其词者犹觉拗怒之中，自饶和婉，曼声促节，繁会相宜，清浊抑扬，辘轳交往。两宋之间，一人而已。"（王国维《清真先生遗事》）曼声，是柔缓的旋律；促节，则是密集快速的节拍。能将柔缓的旋律与密集的节拍在同一首词中如此巧妙地安排在一起，创造出"繁会相宜"、抑扬顿挫的声律美，而声律美又与所体现的情绪跌宕起伏融合在一起，浑然一体，让人看不出袭用、化用的痕迹，这应该是周邦彦词的独到高妙之处。

前人说美成词"多用唐人诗句檃栝入律，浑然天成"（陈振孙《直斋书录解题》），可谓公允之见。推陈出新的"浑然"才是周邦彦借鉴前人却又不见痕迹的高妙所在。

这种高超的技巧也得益于周邦彦专业的音乐水准。我们今天读到的宋词，在唐宋时代，大多是配合音乐传唱的歌词。由于音乐的消亡，我们如今对词的鉴赏多侧重于文字的解读和格律的分析，对音乐涉及甚少。事实上，对于一首完整的歌曲来说，词与曲是如唇齿相依不可分割的。周邦彦除了是词作者，更是一个高明的作曲家，善于自度曲，是当时词曲兼擅的一流音乐制作人。他的主要职业，就是创调谱曲，填写歌词。

三国时候东吴的周瑜也是著名的音乐家，据说只要乐师演奏的乐曲中有任何一点点细微的错误，他都能敏锐地察觉到，察觉到以后还一定要找到乐工，将错误指出来。所以当时人都说："曲有误，周郎顾。"周邦彦也姓周，而且自号其堂为"顾曲"堂，说明他对自己的音乐才能自视甚高，以周瑜自比。

政和六年（1116），周邦彦以杰出的音乐才能提举大晟府。大晟府是徽宗年间朝廷的主要音乐机构，网罗了当时的一大批一流音乐人。有赖于他们的工作，词曲的收集、整理、创制和传播被推向极盛。南宋末年的词人张炎在《词源》中就总结了以周邦彦为代表的大晟词人的贡献：

迄于崇宁，立大晟府，命周美成诸人讨论古音，审定古调，沦落之后，少得存者。由此八十四调之声稍传。而美成诸人又复增演慢曲、引、近，或移宫换羽，为三犯、四犯之曲，按月律为之，其曲遂繁。

作为一个职业的音乐人，周邦彦对词的最大贡献还在于词调的创制与推广。王国维所说的"创调之才多"，是其天赋所致，也是职业需要所致。对于这一贡献，前人论述颇繁。再如《四库全书总目》对周邦彦的评价："邦彦妙解声律，为词家之冠。所制诸调，不独音之平仄宜遵，即仄字中上、去、入三音亦不容相混。所谓分刌（cǔn，切）节度，深契微芒，故千里和词，字字奉为标准。"

有宋一代，虽然词人甚多，但能像周邦彦这样在词曲两方面都堪称大家的人物却并不多。因此论词者往往都把周邦彦在宋词人中的地位比作是杜甫在唐诗人中的地位，认为"词家有美成，犹诗家有少陵，诗律莫细于杜，词律亦莫细乎周。"（邵瑞彭《周词订律序》）王国维更是直言："词中老杜，非先生不可。"（《清真先生遗事》）周邦彦被当成是宋词的集大成者，他对词的贡献，也和杜甫一样，主要体现在两个方面：

第一，是在音律方面。格律诗尤其是律诗在杜甫手里达到了登峰造极的地步，如同"戴着镣铐跳舞"的舞者，格律这种束缚诗人词人的"镣铐"，在他们手里却像是为他们的舞姿增添魅力的舞美道具。如果不是他们善于遵循并且巧妙运用声律的抑扬顿挫，诗词的感染力无疑会大大减弱。更何况，周邦彦还是作曲大家，除柳永、姜夔等少数音乐家之外，他的"创调之才"几乎无人能望其项背。

第二，是在运意方面。杜甫的诗歌一向被认为是众体兼备，变化多端，纵横开阖，回旋转折间既不乏激昂豪放，也不乏深厚雄浑，既能轻灵飘逸也能沉郁顿挫。正如杜甫被视为格律诗之大家，周邦彦也被历代词人和论者当成是格律词之宗祖。

在运意方面，周邦彦的最大特点之一就是："下字运意，皆有法度，往往自唐、宋诸贤诗句中来，而不用经史中生硬字面，此所以为冠绝也。"（沈义父《乐府指迷》）虽然王国维批评他"创意之才少"，但能将前人的诗句融化在自己的作品中，几乎看不出袭用的痕迹，又与其独特的乐曲配合，起承转合，浑然一体，这也是一种难得的"别才"了。

《西河》一词就正体现了周邦彦作曲填词的这两大特点。

先看其"创调之才"。《西河》独特的音律之美，我们前面有过分析。其实《西河》这个词调也是周邦彦创制的，是他的自度曲。我们看他敢于打破平平仄仄两两交替的传统格局，将拗怒与平和两种截然不同的声调融合在一首曲子中，可谓"曲尽其妙"，声情并茂。据学者统计，像《西河》

这样的自度曲，在《清真集》中多达五十五调，而集中所存两百余首词，用调一百多，可见其音乐功夫之不俗了。

再看《西河》所体现出来的"创意之才"。这首词主要是化用刘禹锡的两首诗，并不是简单沿用刘禹锡的成句。大家可能也会有这样的感觉：假如我们从来没有读过刘禹锡的诗，而是先接触到了周邦彦的词，也许我们完全看不出袭用的痕迹。能够"融化古人诗句，如自己出"（梁令娴《艺蘅馆词选》梁启超语），岂非另一种"创意之才"？

我还想补充说明一句，其实袭用前人诗句尤其是唐人诗句是宋词常用的创作手法，并非只有周邦彦如此。例如贺铸就说自己"笔端驱使李商隐、温庭筠，常奔走不暇"（叶梦得《贺铸传》）；南宋词人吴文英词的字面"多于李长吉、温庭筠诗中来"（张炎《词源》）；辛弃疾则更是"驱使《庄》、《骚》、经、史，无一点斧凿痕"（楼敬思《词林纪事》引）……可见，善于融化前人诗句在填词中不但不是毛病，反而是为人称许的巧妙手法。

能将经史中的典故、前人名句信手拈来，并且在自己的作品中融化到不留痕迹，甚而还有推陈出新之意，那就不但显示出词人的博学多识，也显示出匠心独运的创作才华。只是能够像周邦彦这样，在一首词中完整地融化前人两首诗，技巧的高明程度又不是常人能够企及的了。这也像莎士比亚所宣称的那样："用旧词出新意是我无上的诀窍。"（《十四

行诗集》第76首）

　　周邦彦化用后的《西河》词便是创调之才与创意之才完美结合的产物。相对于《石头城》和《乌衣巷》两首原诗而言，《西河》气韵更加沉雄，音节更为悲壮，"直是压遍今古。金陵怀古词，古今不可胜数，要当以美成此词为绝唱。"（《云韶集》）

　　在周邦彦的词中，这样创调与创意完美结合的作品还有很多。从这一点上来说，周邦彦其实是创调之才与创意之才兼具的词坛大家。前人有云："美成自号清真，二百年来以乐府独步。贵人学士、市侩妓女皆知美成词为可爱。"（宋·陈郁《藏一话腴》）"贵人学士"欣赏的可能主要是美成词的创意，并兼及创调；而"市侩妓女"欣赏的则主要是美成词的创调，并兼及创意，这也是周邦彦词粉丝众多且不限阶层"通杀"的重要原因。

　　我个人甚至认为，对周邦彦来说，创调之才是根本，创意之才则是他的表达方式。在《西河》词中，同样是金陵怀古的诗意，甚至还是基本相同的意象，但是周邦彦赋予了相同意象以不同的声情，从而产生了不同的美学风貌。

　　打个也许不太恰当的比方：同样的躯壳，当你赋予他不同的灵魂，呈现出来的气质是完全不同的效果。对周邦彦而言，独特的音律美就是周邦彦赋予歌词的独特的灵魂，灵魂和躯壳的完美融合，才能让他的音乐和歌词传得更远，也传得更久。

宋哲宗绍圣三年（1096），四十一岁的周邦彦在江苏溧水任满，接到了回京的调令，第二年开始担任国子主簿，后来又屡次升迁。直到宋徽宗政和二年（1112），五十七岁的周邦彦以奉直大夫直龙图阁知隆德军府（府治在今山西长治）。这是他第二次告别京城到外地赴任。

宋徽宗政和六年（1116），六十一岁的周邦彦回到京城任秘书监，三年后，也就是重和元年（1118），六十三岁的周邦彦出知真定府（治所在今河北正定）。这是他第三次挥别汴京。

就在他告别京城之后不久，即重和元年（1118）清明节后，一首大家以前从没听到过的歌曲突然在汴京流行开来，这首歌凄恻缠绵，婉转柔美，大家都爱听，"点歌率"迅速攀升至各大"歌厅"的榜首。许多高级"歌厅"里的著名歌手更是以能演唱这首歌曲为荣，因为这首歌虽然极为好听，难度系数却是特别高，一般的歌手根本就不敢轻易挑战。

比起大家耳熟能详的那些曲调来，这首新歌有三大难点：第一，歌词长。北宋的流行歌曲——词，通常分为上下两片，字数也以几十个字的小令居多，比如《浣溪沙》啊，《如梦令》啊，《诉衷情》啊，等等。可这首新歌却和《西河》词一样，分为上、中、下三片，长达130个字，比《西河》字数更多，算得上是北宋年间歌词最长的流行歌曲之一；第二，歌词长还不算什么，这首歌难在曲调变化复杂。三段歌词，三次声情的转变，到最后一段"声尤激越"，不仅要求演唱的歌手音域广，能飙高音，而且还要能在柔情曼声和激昂慷慨的不同演唱风格之间切换得游刃有余，不露痕迹；第三，对歌手和"乐队"的配合提出了更高要求，以至于当时只有一流的乐工才能给这首歌曲配器伴奏。所以，这首歌是爱听的人特别多，能唱的人却又是少之又少。当然，按照"饥饿营销"的原则，歌曲难度系数越高，唱得好的人越少，越显得其身价不凡。

这首在 1118 年春天横空出世的经典歌曲便是周邦彦新创作的《兰陵王》，作曲、填词都是他一个人。不过，在《兰陵王》传遍京城大街小巷之际，正是周邦彦黯然离开京城的时候，而且他从此再也没有回到过曾带给了他无数回忆的汴京。流行歌曲《兰陵王》歌词是这样写的：

> 柳阴直，烟里丝丝弄碧。隋堤上，曾见几番，拂水飘绵送行色。登临望故国，谁识，京华倦客。长亭路、年去岁来，应折柔条过千尺。　　闲寻旧踪迹，又酒趁哀弦，灯照离席。梨花榆火催寒食。愁一箭风快，半篙波暖，回头迢递便数驿，望人在天北。　　凄恻，恨堆积，渐别浦萦回，津堠岑寂，斜阳冉冉春无极。念月榭携手，露桥闻笛。沉思前事，似梦里、泪暗滴。

这首词当中出现的"柳阴""送行""长亭"等关键词都表明了离别主题，"隋堤""故国""京华"等关键词又点明了离别的地点确实是汴京。

《兰陵王》之所以"爆红"且成为流传千古的经典，主要是因为它实在写得太美太美。

首先，这首词美在情景交融。风景的主体是依依杨柳，情感的主体则是离情别绪。

"柳阴直，烟里丝丝弄碧。隋堤上，曾见几番，拂水飘绵送行色。"宋代汴京的"隋堤"在开封城外三里，当年隋炀帝开通济渠，沿河筑堤，遍植柳树。此后每到暮春三月，隋堤上柳树成荫，柳荫成行，柳絮飘飞，碧绿的柳叶在春光的雾霭中更添一份朦胧的柔美。柔软的柳条轻拂水面，漫天飞絮沾惹在行人的衣袖上、衣襟上，拂之不去，仿佛是向人倾诉着依依不舍的离情别绪。如此美好的春光，如此令人眷恋的京城，可词人却不得不挥手告别这个美丽的地方。"登临望故国，谁识，京华倦客。""故国""京华"都是指都城，"京华倦客"当然就是词人自己了。当京城的人们还沉浸在温暖的春光里的时候，词人却独自登上高堤，回头眺望即将离别的都城，有谁会理解他此时此刻的凄凉情绪呢？

这是周邦彦一生中第三次挥别汴京，所以他才会说"曾见几番，拂水飘绵送行色"。而这一次，也是他与京城的永别。回首这一生，从他二十四岁第一次入京，到六十三岁最后一次离京，整整四十年过去了。四十年中，他感受过京城的繁华，体验过晋升的喜悦，珍藏过爱情的甜蜜。但同时，四十年的时光流转，他也经历过太多的人事沧桑，感受过太多的人情冷暖，遭遇过太多的悲欢离合。当他在离去之前，最后一次回望汴京城的时候，他的内心百感交集："登临望故国，谁识，京华倦客。"一个"倦"字，饱含了他四十年来难以言传的辗转沉浮。

这一年，北宋的汴京看上去仍然是一派歌舞升平的太平盛世，宋徽宗也仍然沉浸在笙歌艳舞的温柔富贵中，但其实，大宋王朝已经外强中干，各地农民起义此起彼伏，北方金国虎视眈眈。

这一年，离金兵南侵、北宋灭亡的"靖康之变"只剩下八年。六十三岁的周邦彦已经走到了人生的暮年，而北宋也已走到了王朝的暮年。

因此，当垂暮的周邦彦告别京城的时候，虽然他还无法准确预知自己的未来，也无法准确预知北宋王朝的未来，但心里那份凄凉、迷茫却也像漫天飞舞的柳絮一样，沾惹在心头眉间，拂之不去。"长亭路、年去岁来，应折柔条过千尺。"在古代，驿道上五里一短亭，十里一长亭，长亭本是行人话别、休息的地方，折柳赠别是汉代以来形成的习俗，而汴京城外的长亭柳树，不知道一年到头会见证多少次黯然神伤的离别？被折断的柳条恐怕早已不止千尺了吧？看上去，周邦彦好像是在怜惜长亭的柳树被人频频攀折，其实是在感慨频繁的离别给人带来的无限伤怀与深深无奈。

其次，这首词还美在特别的节日寓意。

"闲寻旧踪迹，又酒趁哀弦，灯照离席。梨花榆火催寒食。"离别的场景是相似的，但是这一次离别的时间却有些与众不同。"梨花榆火催寒食"，这个特别的日子便是重和元年的寒食节。

在所有的传统节日中，寒食节有着极不寻常的特殊意义，在宋代尤其是如此。一般以冬至以后第105天为寒食节，寒食第三天便是清明节，清代以后，才将清明节改为寒食节后一天。寒食是一个节日，清明则是二十四节气之一，在时间上寒食、清明紧连在一起，也就是说，在宋代，清明前两天是寒食节，寒食节包含了清明这个节气，两节相连，一共放假七天，这可是宋代"公务员"难得享受到的黄金周假期。因此在唐诗宋词中，寒食、清明两个词往往被混用，表示的是同一个节日。

那么，寒食、清明对宋人有哪些特殊意义呢？

寒食、清明已经是暮春季节，天气温暖，惠风和畅，这也是一年之中风景最优美的时令之一。"梨花榆火催寒食"，这首词里提到的梨花、榆火、柳树都是寒食清明特别的节日风物。据《梦粱录》记载，在寒食这天，"家家以柳条插于门，名之曰明眼。"插柳是清明、寒食的重要节俗。

　　除此之外，无论官员还是老百姓，富家大族还是贫门小户，在这个节日期间都会给家里的成年男子、女子"上头"，也就是举行冠礼或笄礼，即成人礼。

　　梨花也是开在寒食前后，在古典诗词中，梨花与寒食节往往并提，成为寒食节诗词最重要的意象之一，例如"寂寞游人寒食后，夜来风雨送梨花"（温庭筠《鄠杜郊居》）；"细笼芳草踏青后，欲打梨花寒食时"（梅尧臣《次韵和永叔雨中寄原甫舍人》）等都是如此。

　　至于"榆火"就更是寒食节的特别象征了。寒食节是中国最古老的节日之一，早在周朝就已有相关节俗的记载，《周礼》云"仲春以木铎修火禁于国中"，在这一天举国上下要举行祭祀活动并且严禁烟火，将上一年传下来的旧火种全部熄灭。所以寒食也称为禁烟节或禁火节，要持续三天时间。民间则从冬至后第104天就开始禁火，只能吃冷食，成为"私寒食"或"大寒食"。（《岁时广记》引吕原明《岁时杂记》）寒食节是中国传统节日中唯一一个以饮食风俗来命名的节日。

　　旧火种禁灭之后第三天，要重新钻燧获取新火种，象征着新的一年耕作和生活的开始，这个仪式称为"钻燧改火"或者"请新火"。而新火种多从榆木、柳树钻取得来，"春取榆柳之火"。唐、宋时候，寒食禁旧火，寒食之后第三天也就是清明节改用新火。这一天，宫中会命令小内侍在阁门中用榆木钻火，并用巨烛分赐文武百官。唐代诗人韩翃著名的《寒食》诗描绘的就是这一重要节俗："春城无处不飞花，寒食东风御柳斜。日暮汉宫传蜡烛，轻烟散入五侯家。"这首《寒食》诗虽然用了汉朝的故事，却形象地描述了唐朝寒食、清明改火宣赐群臣的盛大仪式，这一习俗在宋代依然盛行。

当然随着文明的进步，习俗的简化，寒食禁火、清明改火越来越成为一种象征性的仪式，人们在清明节这一天改用榆柳作为柴火来烹煮食物也被称为是"换薪火"了。苏轼写过一首《望江南·超然台作》就提到了这一习俗："春未老，风细柳斜斜。试上超然台上看，半壕春水一城花。烟雨暗千家。寒食后，酒醒却咨嗟。休对故人思故国，且将新火试新茶。诗酒趁年华。"

苏轼这首寒食词写于熙宁九年（1076），当时苏轼任密州知州。寒食后的两天也就是清明节这一天，苏轼登上超然台，满城春色尽收眼底，千家万户笼罩在烟雨凄迷之中，更加引发了苏轼对"故国"的思念。为了排遣这种浓郁的愁情，他怡然自得地享受起寒食、清明的"特色节目"——"且将新火试新茶"，也就是改用新火来煮当年的新茶喝。也许比起酒来，一壶新茶更能驱遣浓郁的忧思，达到超然自得的境界吧。

寒食禁烟火、清明改用榆柳取新火虽是一个远古相传的习俗，原本是和农业生活密切相关，但在后来的发展中还被赋予了一个极为感人的历史故事。据《左传》记载，晋国公子重耳为了躲避争储的内讧，不得不逃离晋国，经历了长达十九年的流亡生涯。十九年中，他曾数次沦落到饥寒交迫的地步，可是无论他多么落魄潦倒，身边始终有几位忠臣不离不弃，陪伴他、支持他挺过逆境，这几位忠臣中就有一位叫介之推。有一次，重耳饿到几乎支撑不下去了，在生死存亡的关头，介之推悄悄割下自己大腿上的肉做成肉羹给重耳吃。后来重耳历尽艰辛，终于重返晋国，成为历史上的"春秋五霸"之一晋文公。

回国登基后，晋文公封赏十九年逃难生涯中始终追随他的几位臣子，却偏偏遗漏了介之推。介之推也没有主动去求赏，而是带着老母亲隐居到绵山（今山西介休绵山）上。后来经他人提醒，晋文公想起介之推居功至伟，准备封赏他，于是放火烧山想把介之推逼出来。据说大火整整烧了三天三夜，介之推却并未出山，和老母亲抱着一棵大树被活活烧死。晋文公没想到介之推会如此坚守气节，后悔不迭，他下令，从此以后，在介之推的忌日里严禁烟火，举国上下只能吃冷食，以表达对介之推的悼念和祭奠。这可以说是寒食节特有的一个历史文化含义了。因为这段历史，介之推隐居的山西介休也被称为"中国清明（寒食）节文化之乡"。

因此，在古代中国，寒食节逐渐形成了三大必不可少的习俗：禁烟火、吃冷食、举行祭祀活动。

也正因为介之推和寒食节的关系，后代诗人词人在引用这个典故的时候，往往也会以此表达孤臣自诩的寓意：不邀功求赏，不追求功名利禄，却满怀耿耿孤忠。周邦彦也未尝不是如此。

周邦彦在北宋朝廷活跃的时代，正是宋神宗、哲宗、徽宗三朝，应该说是大宋王朝最为鼎盛的阶段，然而也是政治斗争颇为剧烈的时候。例如新旧两党的政治斗争从神宗朝一直持续到徽宗朝，新旧两党交替执政，斗得不亦乐乎。可是无论谁上台谁主政谁风光得意，周邦彦从不依附于任何一党，只是凭借自己的真才实学，一点点获得职位的晋升。可以说，他不是靠钻营获得在朝廷的立身之地，而是靠专业实力。

重和元年，六十三岁的周邦彦不得不离开京城，就是因为不愿依附蔡京奸党，才从大晟府提举任上被外放。周邦彦词集里还有很多描写寒食的作品，确实隐隐暗含着以介之推的气节自诩的意味，抒发其落魄不羁的性情与经历。这首《兰陵王》也是如此，虽然表面上只写他与心爱之人的依依惜别，但其实，词中所谓"京华倦客""登临望故国"等句子无一不隐约透露着深刻的身世感怀，蕴含着他对国家命运的忧患意识，这和苏轼《望江南》寒食词中的"休对故人思故国，且将新火试新茶"倒真是有异曲同工之处。

　　周邦彦离开京城的时候，正是在这个具有特别意义的寒食节期间。"闲寻旧踪迹，又酒趁哀弦，灯照离席。梨花榆火催寒食。"这本应是一个美好的春假，在往常这个假期的黄金周里，也许他会陪着心爱的人郊外踏春，享受美好的时光。汴京也确实留下过周邦彦最飞扬的青春年华，留下过无数美好珍贵的回忆。当他准备远行再回望汴京的时候，往事的一幕幕仿佛又回到了他的眼前。

　　寒食节前夕，相爱的人为他设宴饯行，琴声幽怨，灯火昏黄，那个夜晚依依惜别的场景还历历在目，转眼已是分隔两端。清明之时，宫廷中一批批赏赐出来的榆柳新火，仿佛在提醒着词人岁月匆匆、行色匆匆。"愁一箭风快，半篙波暖，回头迢递便数驿，望人在天北。"他恨，恨风为什么那么急，船为什么开得那么快，一转眼，已经离京城天遥地远了。送行的她会不会还呆呆地伫立在渡口，痴痴地望着船只远去的方向，思念着北去的词人呢？周邦彦此次离京要去往的真定也就是今天河北正定，正在开封北边，一句"望人在天北"，用绵绵不绝的相思相望，连接起了从此天各一方的送行人与远行人。

　　再次，这首词还美在梦幻般的凄美回忆。

　　《兰陵王》从上片的隋堤柳色，到中片的寒食送别，下片最终转入了词人的回忆。而回忆又从含蓄婉转的"凄恻"，终究化作了堆积如山的"恨"，随着离京城的距离越来越遥远，情绪也越来越强烈。"渐别浦萦回，津堠岑寂，斜阳冉冉春无极。"①"津"是渡口，"堠"是古代记录里数的土堡，五里为一堠。黄昏时分，渡口已是冷冷清清，水波兀自回旋不已，在夕阳余晖的照耀下，一派春色无边的景致，却越发衬托出词人的形单影只。他不禁陷入了深深的追忆之中："念月榭携手，露桥闻笛。"回忆中的内容只有这简简单单的八个字："月榭携手，露桥闻笛。"当年他和爱人在明明如水的月色下携手私语，月榭之中，露桥之上，留下了他们相依相伴的身影。一别之后，当年那些温馨的一幕幕竟然像梦境一样变得可望而不可即。"沉思前事，似梦里、泪暗滴。"现在的孤独落寞，当年的温馨相伴，今昔对比竟然有着如此巨大的落差，难道这一切回忆中的美好场景从此以后都只能在梦中重温了吗？想到这里，怎不令词人心如刀割、泪如雨下？

最后，这首词还美在《兰陵王》这个词调。

周邦彦之所以被人推崇备至，是因为他兼通文学与音乐，拥有了音乐家与文学家这双重身份，既能填词还能作曲，所以才能比其他人更加游刃有余地驾驭词这样一种音乐文学。他任职的大晟府正是徽宗年间朝廷的主要音乐机构，《兰陵王》这个词调就是周邦彦的原创。

---

① "大水有小口别通日浦。"（徐坚《初学记》）

《兰陵王》这个名字也蕴含着一个动人的历史故事：南北朝的时候，北齐文襄帝的儿子高长恭被封为兰陵郡王，长相俊美，文武双全。可是，因为他长得太漂亮，打仗的时候不能对敌军形成威慑力。所以每次临阵杀敌他都要戴上一副凶狠的假面具，再加上他的威猛善战，一时间勇冠三军，威名远扬。战士们编了歌谣来歌颂他，名为《兰陵王入阵曲》。

而《兰陵王》词调的创始人就是周邦彦。虽然《兰陵王》所配合的音乐后来失传了，但从各类记载可知，这首歌巧妙地在凄恻缠绵与激越高亢等不同情绪中转换，柔缓的旋律与密集的节拍被巧妙地切换，营造出抑扬顿挫、变化繁复的声律美。

《兰陵王》同样体现出了周邦彦创调与创意之才完美的结合。前人评价这首词作"酷尽别离之惨"（贺裳《皱水轩词筌》），将离情别绪可谓写到了极致。

正因为周邦彦对于词调音律的贡献，不但当时人最爱唱周邦彦的词，一直到南宋末年，他的词仍然是歌筵酒席上所唱歌曲的首选，略举几例：

公（周邦彦）之殁，距今八十余载，世之能诵公赋者盖寡，而乐府之词盛行于世。（宋·楼钥《清真先生文集序》）

次吴江小泊，夜饮僧窗惜别，邦人赵簿携小妓侑尊，

连歌数阕，皆清真词。（宋·吴文英《惜黄花慢·序》）

沈梅娇，杭妓也，忽于京都见之。把酒相劳苦，犹能歌周清真《意难忘》《台城路》二曲，因嘱余记其事。词成，以罗帕书之。（宋·张炎《国香词·序》）

……

周邦彦生活的时代，正是宋词最为鼎盛的时期，许多一流大词人都与周邦彦有一定的交集。周邦彦出生的时候，也就是1056年，北宋词人张先仍然健在，欧阳修、王安石、晏几道、苏轼等人都正在壮年，秦观也已七岁，周邦彦二十九岁的时候，李清照出生。然而，群星璀璨的北宋词坛并没有掩盖住周邦彦的耀眼光芒，反而更加衬托出周邦彦的出类拔萃。直到清代，周邦彦的词仍被视为填词的最高境界，《四库全书提要》夸他"妙解声律，为词家之冠"，清代词学家周济甚至为学习填词的人设计了这样一条学习的途径："问途碧山，历梦窗、稼轩，以还清真之浑化。"（《宋四家词选目录·序论》）也就是说，学习填词入门的时候先模仿南宋词人王沂孙，然后进一步学习吴文英和辛弃疾的风格，最后努力攀登最高境界——达到周邦彦之浑化。在很多词人和学者眼里，周邦彦成了高居宋词巅峰的一个偶像。

近代国学大师王国维曾将宋代词人与唐代诗人相比，认为词人中的苏轼就好比是诗人中的李白，欧阳修、秦观好比

是王维，柳永好比是白居易，辛弃疾好比是韩愈，而词人中
的杜甫，则非周邦彦不可。王国维甚至认为能将歌词之美与
音律之美完美融合在一起的，"两宋之间，一人而已"，这
个独一无二的"一人"就是周邦彦了。

第十讲

妒风笑月，花中一流——李清照

妒风笑月，花中一流

——李清照

　　李清照（约 1084—约 1155），号易安居士，济南章丘明水镇人。生于北宋神宗元丰七年（1084，一说生于 1081 年），大约卒于南宋高宗绍兴二十五年（1155）。父李格非，元祐后四学士之一，母王氏。易安雅善诗文，才名卓著。《宋史·李格非传》："女清照，诗文尤有称于时。嫁赵挺之之子明诚，自号易安居士。"词集名《漱玉词》，一名《漱玉集》，存词约 60 首（含存疑之作）。

　　李清照 18 岁时嫁给时为太学生的赵明诚，婚后协助丈夫编订《金石录》一书，并为之作后序。据《宋史·艺文志》记载，著有诗文集《易安居士集》7 卷，不传。词集名《漱玉词》，一称《漱玉集》，但大多亡佚。光绪七年（1881），王鹏运以毛晋《诗词杂俎》本《漱玉词》为基础，从宋人选本、说部中广为搜集，辑为《漱玉词》一卷，为近代李清照词辑本之祖。

　　在李清照出生的时候，父亲李格非已经学有所成，成了当时著名的学者和作家，是"出镜率"挺高的一大名人。而且后来李格非还一度官运亨通，从一个小县城的"副镇长"，连跳几级，跳到了"教育部"，不但进入了北宋朝廷学术的核心圈，还进入了政治的核心圈。

　　李清照的母亲比她父亲李格非更厉害。她的母亲是北宋初年汉国公王准的孙女，当朝宰相、岐国公王珪的长女。李格非的妻子王氏是出身名门、知书达理的大家闺秀，虽然她嫁给李格非的时候，李格非还没当什么大官，还窝在小乡镇里当他的"副镇长"，可他的名士才子风度早就让慧眼识人的王家给相中了。所以李清照自己都说，她父母的联姻是母亲"下嫁"父亲，可见从当时的家世门第来说，李格非确实是高攀了。

　　李清照是长女，她出生的时候，李格非已经36岁。那个时代，男人36岁，差不多已经是可以当爷爷的年龄了，可李格非35岁结婚，36岁才生下长女李清照。虽然古代普遍重男轻女，女孩子往往没有机会接受系统的文化教育，但李格非是一个开明人士，他认为即便是个女儿，生在自家这样的书香门第，也得像对男孩子一样让她知书识礼。因此李清照自小便接受了父母有意识的良好的教养。

不过，要是大家都想当然地以为，李清照投胎在这样的名门世家，而且又生得才貌双全，再加上父母开明，肯定一出世就有享不尽的荣华富贵，日子过得比蜜还甜，那可就大错特错了。世界上哪有十全十美的人生呢？李清照也没有。

李清照人生遇到的第一大灾难，是幼年丧母。母亲王氏，还在李格非担任郓城教授的时候就已经撒手人寰，她虽然慧眼识人，却并没有等到丈夫的时来运转，没有享受到夫贵妻荣的福分。

不幸中的万幸是，李清照的生母去世以后，李格非为她找的继母也是出身名门世家，是北宋初期著名的状元王拱辰的孙女儿，性格温柔端庄，琴棋诗画无所不通。连对女人向来很吝啬的正史都留了句话给她，说她"亦善文"，文章写得相当漂亮。更重要的是，继母王氏对李格非前妻的女儿小清照视若己出，当成了自己的女儿来对待，亲自教她识文断字，照顾她的生活。

李清照的少女时代大概大多数时间就是这样与慈爱的亲人、亲密的闺中女友一起，徜徉在四面荷花三面柳的大明湖畔。大明湖畔汩汩流淌的漱玉泉也成了后来李清照词集《漱玉集》名称的来源。少女时代的李清照，已经能够用她那支充满灵气与个性的笔，尽情描绘着闺中生活的无忧无虑：

蹴罢秋千，起来慵整纤纤手。露浓花瘦，薄汗轻衣

透。　　　见客入来，袜刬金钗溜。和羞走，倚门回首，却把青梅嗅。（《点绛唇》）

这首词写一个少女荡完秋千后的情态。李清照没有写她荡秋千时如何迎风飞扬，如何笑声荡漾，只是剪取了荡完秋千以后的镜头。秋千已经停了，少女慢慢地从秋千上下来"慵整纤纤手"。一个"慵"字，可以推想出她荡完秋千后的那种疲倦和慵懒的神态：她轻轻地揉着荡秋千荡酸了的手。"露浓花瘦"是交代时间和地点，"露浓"表明时间是在春天的早晨，"花瘦"表明地点是在少女的"私家花园"中。有"私家花园"的可不是普通人家，不是大富就是大贵，暗示了少女的出身不是一般的小家碧玉，而是大家闺秀。

按逻辑，既然是大家闺秀，就应该有大家闺秀的风度，一举一动都得像个淑女，可是，在这首词里，这位大家闺秀的表现突然发生了戏剧性的变化。这个戏剧性变化的原因是：少女的"私家花园"里突然闯进来一个陌生男子。

按道理，大户人家的深宅大院，不可能有陌生男子不经通报就擅自闯入后花园，但诗词本来就讲究"无理而妙"，没有道理的道理就是诗词的道理。像这样贵族家庭的后花园，就算有人擅自闯入，也不可能是一般的平民百姓，而肯定是门当户对、风度翩翩的贵族男子。当然，不管是什么地位的贵族男子，女眷看到了，尤其是大户人家的未婚女眷看到，肯定是要回避的。可是少女刚刚荡完秋千，很累很懒，衣裳也没整理好，鞋子也来不及穿，慌慌张张只穿着袜子就往屋里逃，头发蓬散，金钗掉到地上，都顾不得捡起来，先逃走再说。

可是，她真舍得逃走吗？深闺大院里，是谁敢冒冒失失闯进来呢？少女好奇啊，到底还是想偷偷看一下。于是她急急忙忙溜掉的同时，又依依不舍地回头看。"和羞走，倚门回首"，这个"走"字跟我们今天说的"走"并不一样，古代的"走"是"跑"的意思。说明少女因为害羞，跑得很匆忙，但又忍不住躲在门后头偷看。可以想象，闯进来的人虽然冒失，却是一位大帅哥，连这位貌美如花的贵族少女也情不自禁地被打动，看了还想看。可她毕竟还是大家闺秀，还知道点儿体面，所以偷看帅哥还得来点儿掩饰，于是，就用嗅青梅的动作，掩饰一下自己砰砰乱跳的少女春心。

我们来看这整首词，表面上，李清照好像是在写少女看到陌生男人后，是如何的害羞，是如何想赶紧逃跑，生怕被陌生男人偷看了去。可实际上呢，我们再仔细一回想，发现不对：这些都只是李清照设的幌子啊！她想要说的，根本就不是少女的害羞。那她想说的到底是什么呢？一句话：哪个少女不怀春！别看平时一副大家闺秀的淑女模样，骨子里却充满了少女天性中对自由、对爱情的本能渴望。

当然，这首词未必是记录李清照本人的亲身经历，因为晚唐韩偓《偶见》诗中早就写到了类似的情节："秋千打困解罗裙，指点醍醐索一尊。见客入来和笑走，手搓梅子映中门。"

李清照显然是化用了韩偓的诗句——韩偓是晚唐艳情诗的代表人物，李清照曾多次化用他的诗句，这首《点绛唇》就是如此。然而从词意来看，李清照对诗中那位活泼可爱的少女是十分欣赏且惺惺相惜的，因此在她的笔下，这位少女比韩偓的原诗更为生动，亦更为率真。①

李清照人生的第一个转折点是在她十八岁那年——这一年，她由无忧无虑的少女成了一名幸福娇羞的新娘。她的父亲李格非时任礼部员外郎。在宋朝，礼部主管国家祭祀大典、外交礼仪，还主管各级科考，统管文化教育，职权范围相当于今天的外交部和教育部，而员外郎则大约相当于司长的职位。

新郎赵明诚，这一年二十一岁，他是当时的吏部侍郎、后来官居宰相的赵挺之的儿子。虽然这是一门典型的门当户对的包办婚姻，但李清照很幸运地迎来了她人生中最幸福的爱情与婚姻，从此开始了夫唱妇随的新生活。

赵明诚与李清照结婚时还是个"大学生"（太学生），"大学"还没毕业，自然没有俸禄来养家糊口，可没有稳定收入

---

① 徐培均笺注认为此词"为少年时作"。王国维次子王仲闻则以此词为存疑之作。

也就罢了，赵明诚偏偏有一个特耗钱的爱好——文物收藏。

文物可不比一般的收藏，动辄价值连城啊。而且赵明诚对于文物收藏还不是一般的业余爱好，他从小就痴迷于此，对文物的鉴定也达到了专业水准。他后来编写的三十卷著作《金石录》，后人把它跟欧阳修的《集古录》相提并论，两人并称"欧赵"。为了收集有价值的文物古董，几乎耗尽了赵明诚夫妻俩所有的财产。

然而，李清照从来不曾有过任何抱怨，她将丈夫的兴趣视为自己的兴趣，将丈夫的事业当成自己的事业，全力支持丈夫的金石学研究和文物收藏。没钱花的时候，拿几件好衣服去当铺当了，去古玩一条街换几件文物宝贝，顺便买些点心回家吃。吃点心倒还在其次，关键是买了文物宝贝，夫妻俩要相对把玩好一阵子。

有一回，一个人拿了一幅南唐著名画家徐熙的牡丹图给赵明诚看，夫妻俩左看右看，越看越爱，盘算着一定要买下来。但是卖主一开口，要价二十万！夫妻俩哪有那么多钱？就算把所有的好衣服都当了也换不回二十万哪！夫妻俩只好把牡丹图留了几天，天天抚摩、欣赏，最后不得已还是让卖主拿回去了。为这事，他俩遗憾伤心了好久。

李清照不仅是丈夫生活上的亲密朋友，还成了丈夫事业上的亲密战友。赵明诚后来能成为与欧阳修齐名的金石考古专家，离不开李清照的支持和成全。在李清照31岁的画像上，赵明诚留下了这样的亲笔题词：清丽其词，端庄其品。归去来兮，真堪偕隐！这大概是留传到今天、我们能够看到的赵明诚对妻子最经典的评价了。

"清丽其词"的这个"词"，也许并不仅仅是指李清照填的词，而主要是指李清照的文采。一般来说，我们总是把李清照在文学史上的地位定性为"婉约派女词人"，可是，李清照的文学成就绝对不仅仅止于词这一种文体，在当时，她的诗名和文名甚至还超过了她的词名。《宋史》的记载，说她"诗文尤有称于时"。"词人"这顶帽子给李清照戴，还显得太小了点，根本不能全面概括李清照的才华。

李清照在当时，不仅是一个文采飞扬的文学家，还是一个博学多识的学者，诗、文、词、考古学等，都有很深的造诣。只不过后来人们对她的了解和接受，越来越局限在词这一种文体上了。她被认为是千古第一女词人，其词就是以婉约清丽著称的。

再来看"端庄其品"。"端庄"更应该是一种内在气质，一种生活态度。李清照自己有一句话，说她与赵明诚结婚后，尤其是赵明诚大学毕业当官以后，家里经济条件很宽裕，已经衣食不愁了，他们生活上却仍然是"食去重肉，衣去重采，首无明珠翡翠之饰，室无涂金刺绣之具"（《金石录后序》）。也就是说：吃不讲究什么大鱼大肉；穿不讲究鲜艳华丽，绫罗绸缎；头上更是从来不戴什么金银珠宝，翡翠玛瑙；住的房子也从来没有豪华装修、贵重家具……他们不讲究过多的物质享受，而是醉心于文物收藏，他们精心收藏的金石文物、书画墨宝，装了满满十几间屋子！

李清照是一个同得起富贵，共得起患难的女人。患难的时候，不离不弃；富贵的时候，她支持丈夫几乎把所有的财产都贡献给了金石文物收藏事业。每次得到珍贵文物或者名人字画、古籍文献，她都要帮赵明诚一起仔细鉴定、校对、整理、修补，有时候甚至忙碌得通宵不睡。他们家收藏的字画古籍，比当时的各大著名收藏家都要更完整、更丰富，保存得也更精善。

当时专业的金石考古专家可能不止赵明诚一个，可是有李清照这样志同道合的妻子的考古学家，还真只有赵明诚一人！

大观元年（1107），赵明诚的父亲赵挺之卒于汴京。这一年秋天，李清照和赵明诚回到故乡，屏居青州乡里，开始了长达约十年断断续续的隐居生活。

在老家山东青州隐居的日子里，远离了政治上你死我活、尔虞我诈的争斗，夫妻二人过着连神仙都艳羡的美好日子。有了这大把的闲暇时光，夫妻俩更是尽一切可能到处搜罗书画古玩。每天晚上吃完了饭，坐在书房里，悠闲地煮上一壶茶，指着书柜里堆积如山的书籍文献，说起某件事应该记载在哪本书的哪一卷的哪一页的哪一行，夫妻俩拿这个来打赌，说对了的可以先喝茶，说错了就对不起，一边看着去！

李清照记性特别好，所以她赢的时候总是比赵明诚多。不过每次李清照说中了，"即举杯大笑，至茶倾覆怀中，反不得饮而起"——举着茶杯开心得哈哈大笑，常常不小心笑得茶水都泼洒在衣服上，反倒什么也没喝到。按李清照的说法，他们当时的生活是"虽处忧患困穷，而志不屈"（《金石录后序》）。

李清照那些充满"小资情调"的词章，有不少是在这个时候新鲜出炉的。例如这首著名的《醉花阴》大概就是他们夫妻小别时李清照写给丈夫的一封"情书"：

　　薄雾浓云愁永昼，瑞脑销金兽。佳节又重阳，玉枕纱橱，半夜凉初透。　　东篱把酒黄昏后，有暗香盈袖。莫道不销魂，帘卷西风，人比黄花瘦。

大观二年（1108）九月重阳，赵明诚与妹婿李擢游赏仰天山。徐培均先生笺注认为此词或作于赵明诚至仰天山罗汉洞观月，时李清照独居青州归来堂，重阳赏菊，无人相伴，故作此词，以抒发寂寞无聊之感。

"每逢佳节倍思亲"，重阳节到了，这是一个团圆的节日，更是一个思念亲人的节日。可是丈夫外出，独自留守家中的妻子倍感凄凉，她只能在兽形的香炉中点燃龙脑香，整日整夜愁容满面思念着远方的丈夫。看着那袅袅升起的香烟，妻子好像在撒娇地质问丈夫：人家夫妻都团圆了，你怎么还把我一个人抛在家里呢？我独守空房，只觉得秋夜的阵阵寒意袭来，"半夜凉初透"——心里也冰凉冰凉的！明明是写重阳的景，却有意无意地透露出妻子独守家中的寂寥，这才是最最绝妙的撒娇呢！

重阳赏菊，本是传统习俗，浪漫多情的才女自然不愿意错过这赏花的好时节。然而，菊花的幽幽暗香萦绕在李清照的襟袖之中，却只能更让她感叹自己的形单影只，这如花岁月、似水流年，又能与谁分享呢？

赵明诚收到"情书"后，一边低声吟诵着美丽而忧伤的词句，一边情不自禁点头称赏。读到最后三句"莫道不销魂，帘卷西风，人比黄花瘦"的时候，他更是忍不住拍案叫绝：妻子的心真是玲珑剔透啊。你看，她说思念丈夫茶不思饭不想，眼看着人一天天消瘦了，秋天寒冷萧瑟的西风卷起了低垂的门帘，庭院里的菊花，已经几近枯萎了，可即便这样，那个相思憔悴的人儿，比起这枯萎的菊花来还要显得消瘦些呢！

一个留守妻子寂寞无助、期待丈夫疼爱的形象就这样跃然纸上。

赵明诚一边为妻子的痴情所感动，一边下定决心也要写一首情意绵绵的词作为对妻子的回报。于是，他把书房门一关，对手下的人说："不管谁来都不要打扰我，我谁都不见！"这么着，硬是把自己在书房关了三天三夜，摆出一副头悬梁、锥刺股的刻苦精神，发誓一定要写出一首超过妻子的词来。

功夫不负苦心人，三天过后，还真让他憋出五十首词来。

赵明诚放下笔，冒出个想法：清照啊清照，虽说你出口成章，我写诗填词从来都比不过你！但你写一首词，我应和个五十首，总有几首比你强的吧？

这么一想，他决定先请自己的好朋友看看，验证一下自己的填词水平。

于是，他把五十首词工工整整地誊写了一遍，再把李清照寄来的那首词也重新抄写，打乱顺序，夹杂在一起，拿给前来拜访他的好朋友陆德夫看，还故作谦虚地问："老兄，我新写了几十首词，请老兄评阅一下，不知可有能看得上眼的？"

陆德夫见赵明诚这么郑重其事，也不敢怠慢，赶紧将五十一首词，仔仔细细、认认真真、来来回回地琢磨了好几遍。赵明诚在一旁，焦急地观察着好友的脸色。可是好友总是一脸平静，看不出一点儿异样的神色来。

赵明诚正有点丧气的时候，忽然，陆德夫眼睛一亮，一拍桌子，大喝一声："好！"

赵明诚一听，喜形于色，赶忙问："写得怎么样？"

陆德夫见赵明诚一反往日的稳重，一副急不可耐的样子，也忍俊不禁了："这五十一首词啊，我看来看去，有三句写得实在是精彩至极。"

赵明诚心中又是一喜，连忙问："哪三句啊？"

陆德夫又将五十一首词翻来覆去看了一遍。赵明诚急了，一迭声地追问："快说快说，别卖关子了，到底是哪三句最好啊？"

陆德夫这才慢条斯理地回答他："我看啊，就只有这三句写得最好：莫道不销魂，帘卷西风，人比黄花瘦！"①

赵明诚一听，那个垂头丧气啊！

就这么着，我们现在只能读到李清照的"莫道不销魂，帘卷西风，人比黄花瘦"。至于赵明诚的词，那是一首都找不着了。

不过，李清照并不是一个只会"小鸟依人"的小女人，也不是一个只会营造"小资情调"、撒娇弄痴的婉约词人。昔人评词，常有类似这样的说法：词分婉约、豪放两派。"婉约以易安为宗，豪放惟幼安称首"（王士祯《花草蒙拾》），

---

① 按：赵明诚和作五十首之典故载于元伊世珍《琅嬛记》引《外传》："易安以重阳《醉花阴》词函致明诚。明诚叹赏，自愧弗逮，务欲胜之。一切谢客，忘食忘寝者三日夜，得五十阕，杂易安作，以示友人陆德夫。德夫玩之再三，曰：'只三句绝佳。'明诚诘之，曰：'莫道不销魂，帘卷西风，人比黄花瘦。'正易安作也。"王仲闻与徐培均均认为此故事或属虚构。

将李清照（号易安居士）和辛弃疾（字幼安）分别视为婉约派和豪放派之代表人物。在婉约派之中，男性词人又以秦观为宗，女性词人则毫无争议地以易安居首。

　　然而，"婉约"一词也许可以概括易安词的整体风貌，但从她的个性而论，则绝对不能用"婉约"一言概之。我们不能因为李清照写过"寻寻觅觅，冷冷清清，凄凄惨惨戚戚"（《声声慢》），写过"花自飘零水自流，一种相思，两处闲愁"（《一剪梅》），写过"物是人非事事休，欲语泪先流"（《武陵春》）这样的句子，就认定她只是一个多愁善感、悲悲切切的柔弱女子。事实恰恰相反，前人曾经这样评价李清照："易安倜傥有丈夫气，乃闺阁中之苏（轼）、辛（弃疾），非秦（观）、柳（永）也。"（沈曾植《菌阁琐谈》）用"丈夫气"来点评李清照的个性，实是慧眼识人、一语中的之评。

　　我们一起来品读易安一首极具"丈夫气"的作品——《渔家傲》：

　　　　天接云涛连晓雾，星河欲转千帆舞。仿佛梦魂归帝所。闻天语，殷勤问我归何处。　　我报路长嗟日暮，学诗谩有惊人句。九万里风鹏正举。风休住，蓬舟吹取三山去。

这首词是李清照的"记梦"之词。"天接云涛连晓雾，星河欲转千帆舞。"词一开篇就展开了一幅气势恢宏、场面壮观的巨大画面：凌晨时分，太阳还没有升起，放眼望去，在辽阔的海洋尽头，海天一色，海水波涛汹涌，天空则云雾翻卷。

"星河"，就是天上的银河。李清照似乎偏爱用"转"这个动词来形容星河的运动状态。例如她还有一首《南歌子》词，其中就有一句"天上星河转"，也是说银河的转动。也有人将银河的转动解释为时间的流动。

此时，词人坐在船上，随着海浪的剧烈颠簸，她看到银河好像也在天旋地转，海浪中还有千帆竞渡。千帆，这里泛指很多船。随着海浪起伏的帆船，好像在随风起舞。那么，在壮阔的海面上，词人坐着帆船要到哪里去呢？

"仿佛梦魂归帝所。"此处"帝"是天神、天帝之谓。原来词人要去的地方是天帝居住之所。《史记·扁鹊传》记载，秦穆公曾经一睡七天，七天后醒来对人说："我之帝所甚乐。吾所以久者，适有学也。"意思是：我到了天帝那儿，很开心。之所以在那边待了这么久才醒来，是因为我学到了很多东西。①

古代传说认为大海的尽头就是天河，乘着浮槎（用竹木编成的筏）就能从海上通往天河。（张华《博物志》）李清照显然是借用了这个典故，乘着帆船从海上通向了传说中的天帝之所。

"闻天语，殷勤问我归何处。"看到李清照不远万里，远涉重洋，于是天帝关切地问她道："你想要到哪里去呢？"

上片以问题收束，下片以词人的回答领起。"我报路长嗟日暮"这一句其实是化用了屈原《离骚》的意思："朝发轫于苍梧兮，夕余至乎县圃。欲少留此灵琐兮，日忽忽其将暮。吾令羲和弭节兮，望崦嵫而勿迫。路曼曼其修远兮，吾将上下而求索。"在《离骚》中，屈原上天入地，为寻求他心目中的美政理想而跋山涉水，上下求索。可时光不等人，在他执着的追求过程中，不知不觉已经到了日暮时分。日暮象征的其实是年华老去。

李清照词中的"路长日暮"和屈原的上下求索含义相近。她回答天帝说："时间过得太快了，漫长的求索道路还没有走完，目标还没有达到，太阳就匆匆忙忙下山了，我也垂垂

---

①《史记·扁鹊传》："昔秦穆公尝如此，七日而寤。寤之日，告公孙支与子舆曰：'我之帝所甚乐。'"《赵世家》中赵简子亦有："我之帝所甚乐，与百神游于钧天，广乐九奏万舞，不类三代之乐，其声动人心。"

老矣……"

"学诗谩有惊人句。""谩",是徒劳、徒然的意思。因此，这一句是词人充满悲愤的感慨："诗写得再好，空有满腹才华，却来不及实现我的理想，才华横溢又有什么用呢？"

词读到这里，也许我们会产生一个疑问：词人苦苦追求的理想是什么呢？虽然这首词描写的是梦境，但我认为，文人笔下的梦境多多少少一定是反映了他的某种愿望或者某种情感的，李清照的梦境也是这样。

梦境不是幻觉。要理解李清照赋予"梦境"的理想，我们必须回到现实中去寻找解答。

现在，学术界倾向于认为李清照这首词是写于南渡以后。例如徐培均先生在《李清照集笺注》中就将这首词系于建炎四年（1130）春天。建炎四年，在宋代历史上是一个什么概念呢？在这一年前后，李清照又经历了一些什么呢？

首先，从大的历史背景而言。四年以前，也就是1126年，金国大举入侵宋朝，攻占都城东京，俘虏了徽宗、钦宗二帝。钦宗的弟弟康王赵构于1127年五月在南京（今河南商丘）被拥立为皇帝，改元建炎。此后的几年中，金国的军队仍然穷追猛打，宋高宗就只好一路往东南方向逃，从扬州、临安（今浙江杭州）、越州（今浙江绍兴），一口气逃到明州（今浙江宁波），再由海路逃到温州……直到建炎四年，金人从临安撤兵，回到北方，局势才缓和下来。

因此，李清照写作这首词的历史背景就是"国破"。

其次，再看李清照在这一阶段的个人经历。东京陷落后，北方待不下去了。就在高宗即位当皇帝的这一年，李清照和赵明诚夫妻俩从山东青州的老家南渡，加入逃难的队伍。建炎三年（1129）五月，在逃难的途中，赵明诚接到朝廷任命，他被起用为湖州知府，须先行赶到建康，参见暂时驻跸在那里的宋高宗，然后再去赴任。

没想到，赵明诚与李清照的这次离别，成了他们的生死离别。七月末，李清照就收到了改变她后半生命运的一封信。从信中得知，赵明诚在奔往建康的日夜兼程中，中了暑，一到建康就病倒了。

李清照接信后立即启程，一天疾驰三百里，飞也似的赶到了建康。等她赶到时，丈夫已经病入膏肓。

八月十八日，赵明诚永远地告别了相伴近三十年的妻子。

如果这首词是创作于建炎四年（1130）春天，那么离赵明诚去世还不到一年。因此，这首《渔家傲》的个人经历背景就是"家亡"，此时的李清照也年近五十。对当时的女性来说，这已经是进入暮年了。

从"靖康之难"到赵明诚去世，不过短短的三年时间，接踵而来的巨大变故，成了李清照前后期生活的分水岭。对于一个即将步入老境的女子，在连续经历了国破、家亡两重剧痛之后，如果是一般的女人，也许早就被生活的苦难击垮了。可李清照毕竟是李清照，她没有倒下，也不能倒下！因为无论是从"国"还是从"家"两个方面来说，她还有太多的事情没有完成，还有太多的理想没有实现。

第一，从国的层面来说。"靖康之难"，亡国之耻，是每一个有良知的国民内心深深的耻辱和痛苦。李清照不是一个苟且偷安的人，就在南逃的过程当中，她还写过这样慷慨激昂的诗句：

南渡衣冠少王导，北来消息欠刘琨。

这两句诗用了历史上两个著名人物的典故。一个是王导，晋代人。西晋定都洛阳，因为"五胡乱华"事件，也就是因为北方少数民族的入侵，导致西晋最后两个皇帝怀帝和愍帝被俘虏当了亡国奴。后来元帝在南方建康（今江苏南京）称帝，这就是历史上的东晋。晋王朝从北方的洛阳，渡江到了建康，史称"南渡"。晋王朝的"南渡"与宋王朝的"南渡"何其惊人的相似！

王导是晋元帝南渡即位以后任用的宰相，"衣冠"指的是士大夫官僚。据说，南渡的一批士大夫，在一次聚会宴饮的时候，其中有个人长叹一声，说："唉，虽然这里的风景和我们中原没什么两样，可惜感觉上，已经不是我们的家乡了。"在座的人听了，都默默叹息流泪。只有王导，一下子板起脸，义正词严地说："我们应该一起齐心合力，恢复神州国土，怎么能在这里大眼瞪小眼，没出息地哭鼻子呢？！"

刘琨跟王导是同时代人，是辅佐晋元帝登基的大功臣，也是东晋著名的北伐将领。著名的成语故事"闻鸡起舞"，说的就是刘琨和他的好朋友祖逖，每到半夜听到鸡叫声，就起来苦练武功，后来两人都成为东晋北伐将领中的中流砥柱。

李清照博学多才，她信手拈来的这两个典故，其实就是讽刺当时的南宋朝廷在大敌当前的时候，只知一味南逃，对待金兵的进攻毫无还手之力。放眼朝廷，怎么就没有像王导和刘琨这样的"硬骨头"，成为支撑堂堂大宋的脊梁呢？

国难当头，匹夫有责。国耻一天未血，恢复神州的理想一天不实现，李清照就不会放弃这样的呐喊。此时的李清照，恨只恨自己是一个女儿身，不能像男子汉那样披上战袍，到战场上去报效国家，她的一腔报国热血只能倾泻在诗词之中。在后来写的《打马赋》一文中，她还留下了这样的句子：

> 木兰横戈好女子，老矣不复志千里，但愿相将过淮水。

她甚至向往能做一个像花木兰那样的英雄，女扮男装，呼吁将士百姓们，一起打过淮水去，恢复中原！这是李清照想实现却还没有实现的理想之一。

第二，从家的层面来看。丈夫赵明诚虽然去世了，但他还有未竟的事业。赵明诚这一生最重要的事业并不是做官，而是金石文物的考古收藏。李清照嫁给赵明诚之后，夫妻同心同德，将金石考古作为共同的事业追求，为此他们投入了几乎所有的精力与财力。一直到"靖康之难"的发生，夫妻俩还随身携带了十五车之多的藏品南渡。赵明诚去世之后，李清照对这些收藏品仍然视若珍宝，不敢有任何差池。毕竟，这些藏品不仅是丈夫毕生的心血，也寄托了她对丈夫无穷无尽的思念。

但是，毕竟是兵荒马乱的年代，李清照无儿无女，一个孤寡老妇要保护好那么多珍贵的书画古玩是一件何等艰难的事！在颠沛流离中，这些藏品有的遭到金兵的破坏，有的被叛军趁乱抢走，有的被隔壁邻居盗走……最后，在李清照的身边，就只剩下了寥寥几种价值平平的书册书帖。可就是这几种价值平平的书册书帖，她也还像爱惜自己的眼睛、生命一样，精心珍藏、呵护着。

保护文物，整理丈夫的遗稿，成了她晚年的一件大事。在孤苦伶仃的岁月里，她不但完成了丈夫未竟的事业——《金石录》的编撰工作，并且将之刊行于世，上表朝廷。在她五十二岁这年，她还写下了自述生平最为详细的一篇文章《金石录后序》。

建炎四年（1130），无疑是李清照生命的转折点。"我报路长嗟日暮，学诗谩有惊人句"，李清照的回答其实同时也是质问。对于她的质问，连天帝似乎也无言以对。

在天帝这里得不到指引的李清照，不会放弃她的求索之路："九万里风鹏正举。风休住，蓬舟吹取三山去。"这几句词又用到了道家的典故。《庄子·逍遥游》中有这样的描写："鹏之徙于南冥也，水击三千里，抟扶摇而上者九万里。"又说："有鸟焉，其名为鹏，背若太山，翼若垂天之云，抟扶摇羊角而上者九万里。"这个典故本来是说鹏鸟借助旋风的力量直冲云霄，李清照化用这个典故也是抒发一种豪迈不羁的感情："风休住，蓬舟吹取三山去。"她希望像鹏鸟一样，借助大风的力量，让自己摆脱这个现实世界的束缚，一直吹到一个自由、逍遥的世界里去。也许，这个自由逍遥的世界就是传说中的"三山"吧？

"三山"的典故出自《史记·封禅书》，指的是道教的三座仙山：蓬莱、方丈、瀛洲。据说这三座仙山都在渤海之中，那里是众多神仙居住的地方，能找到长生不死之药。和人间的众多苦难与无奈比起来，也许只有到仙境中才能找到真正无拘无束、无羁无绊的自由。

"蓬舟"，指的是轻便的小船。在梦中，词人不由得大喝一声："风休住！"风啊，你不要停，你既然能将大鹏鸟送上"九万里"的高空，那也请你将我乘坐的这叶"蓬舟"

送到"三山"上去吧！只有那里，才是我理想中的归宿啊！

与苦难不断的现实相比，词人的梦境显得如此瑰丽雄豪。她那种上天入地、不被现实所羁绊的梦想，那种不屈不挠、上下求索的执着精神，无一不显示出像屈原似的浪漫豪放。

除了从屈原、庄子的作品中吸取营养之外，像"天接云涛连晓雾，星河欲转千帆舞。仿佛梦魂归帝所""九万里风鹏正举""蓬舟吹取三山去"等这类豪放开阔的气势，又与李白梦境的洒脱不羁何等相似！

试看李白的《梦游天姥吟留别》："海客谈瀛洲，烟涛微茫信难求。越人语天姥，云霓明灭或可睹。天姥连天向天横，势拔五岳掩赤城。天台四万八千丈，对此欲倒东南倾。我欲因之梦吴越，一夜飞渡镜湖月……"由此看来，李清照的豪迈，她那一泻千里的笔触完全可上攀屈原、李白之风骚狂放，也难怪前人会评价"若并诗中论位置，易安居士李青莲"（清·潭莹《古今词辨》），直将词中的李清照与诗中的李白相提并论。

无独有偶，当代词学家缪钺也认为易安词有屈骚之风，他在《论李清照词》一文中这样评价这首《渔家傲》："这首词能将屈原《远游》中的情思意境融纳于数十字的小词之中，体现了自己的人生理想，有姑射神人吸风饮露之致，这种境界在宋词中是罕见的。""姑射神人"也是来自《庄子·逍遥游》的典故："藐姑射之山，有神人居焉，肌肤若冰雪，淖约若处子。""姑射神人"显然是一位不食人间烟火的仙女。李清照的个性与词笔，正如姑射神女般飘逸出尘。这种超迈脱俗的气质，成就了易安词非同一般的"境界"。

宋词的"境界"本以描写日常现实中的情与景居多，很少像屈原、李白的诗赋那样多作飘逸出世之想。即便是像苏轼那样的"不食人间烟火"之人，当他表达出世意愿的时候，也往往只是寄情于自然山水而非神仙世界。从这个意义上说，李清照的词在浪漫主义的手法上实有上承屈原、李白之处，她的豪放是一种飘逸的豪放，是摆脱了世俗羁绊的豪放。

缪钺先生还曾借用沈曾植评价李清照的一个词来概括易安词的整体风貌，这个词就是"神骏"（《菌阁琐谈》）。"所谓'神骏'者，就是说，如同骏马一样，摆脱羁绊，千里飞驰，过都历块，不畏险阻。"应该说，这样的评价是准确地把握了易安词之特点的。但也许有人会说，从现在存留下来的六十来首（含存疑之作）易安词中，像《渔家傲》这样豪放奇丽之作几乎可以说是绝无仅有。仅凭一首词就断定一个词人的主体风格不是太武断了吗？

这样的疑问是有道理的。不过，我想再次强调的是，豪放固然不是易安词的总貌，甚至她多数词虽然具有想象奇异、落笔如神骏飞驰的特点，整体上却还是符合词体的婉约本色。但，词体的婉约本色不代表词人性情的婉约本色。就好比公认飘逸超旷的苏东坡、英雄豪迈的辛弃疾，也会在词中作呢哝儿女语一样，李清照写词虽然恪守"别是一家"的婉约本色，但她的性情却远远不是"婉约"所能限定的。如果说一首《渔家傲》还不足以证明李清照的豪情，那么不妨再举一则诗例——《题八咏楼》：

> 千古风流八咏楼，江山留与后人愁。水通南国三千里，气压江城十四州。

八咏楼是浙江金华的名胜，金华也是李清照晚年的主要居住地。在这首"气象宏敞"的诗中，李清照仍然是抒发国破家亡、江山难守的感慨，像这样雄浑的气势又岂是"婉约"所能概括的呢？因此，与其说李清照是一个多愁善感的女词人，不如说她是一个豪迈不羁、潇洒脱俗的性情中人。

我认为，在文学创作中，李清照的豪情主要体现在以下几个方面：

第一，崇尚自由、超越现实的想象力。

《渔家傲》词中对屈原、庄子相关典故、意象的运用，已经充分流露出李清照对自由的向往，也是她通过梦境对自己的想象力与创造力的尽情发挥。

她以梦境的形式再现和创造了现实中难以达到、甚至是难以想象的内容，以夸张和奇特的笔法，实现了她对于自由的梦想。梁启超就说过，李清照的《渔家傲》词"绝似苏、辛派"（梁令娴《艺蘅馆词选》引）；词学家龙榆生也有类似评价："气象潇洒，尤近苏、辛一派。"（《〈漱玉词〉叙论》）

事实上，李清照对自由的向往和追求自由的潇洒气度并非只有通过梦境去实现，她在现实生活中往往也会实践这种追求。

崇尚自由对当代的女性而言可能是一种基本的精神追求，可在宋代，崇尚自由就成了女性一种极其叛逆的思想，反映到某些言行举止上很可能就是特立独行，甚至是离经叛道。例如南宋词学家王灼就曾经尖锐地批评她："作长短句能曲折尽人意，轻巧尖新，姿态百出，闾巷荒淫之语，肆意落笔，自古缙绅之家，能文妇女，未见如此无顾藉也。"（《碧鸡漫志》）在道学家看来，女人的"无顾藉"，实质上就是因为她对于正统道德观、伦理观的蔑视，毫无顾忌地在诗词中流露了真实性情。

第二，走出"庭院深深深几许"的闺房，将国事天下事尽揽胸中，并且毫无掩饰地表达个人观点，颇多真知灼见。

古往今来的才女，若非有特殊经历，创作文学作品的题材往往局限于闺怨，而李清照的诗词则纵横捭阖，囊括的题材与风格都丰富多样。除了像《渔家傲》这样以梦境的形式反映现实的理想追求外，李清照还常以咏史的形式来揭露现实。比如我们最为熟悉的《夏日绝句》诗：

　　　　生当作人杰，死亦为鬼雄。至今思项羽，不肯过江东。

　　"生当作人杰，死亦为鬼雄"是化用了屈原《国殇》中的诗句："身既死兮神以灵，子魂魄兮为鬼雄。"表达对战死沙场的英雄战士的歌颂与赞美。

　　至于英雄人物项羽的乌江之败，文学史上向来有不同评价。概言之，对项羽的生死选择，代表性的看法主要有两类。其中一种认为项羽应该渡江自保，以求东山再起，这类看法中比较有代表性的是晚唐杜牧的《题乌江亭》：

　　　　胜败兵家事不期，包羞忍耻是男儿。江东子弟多才俊，卷土重来未可知。

　　杜牧认为项羽不应该自尽，而应"忍辱包羞"，等待卷土重来、报仇雪恨的机会。

　　李清照却完全否定了杜牧的观点，对项羽的自刎乌江亭表现出了极度的欣赏和赞美。是什么原因让她做出了与杜牧截然相反的判断呢？

　　这首《夏日绝句》诗大约创作于建炎三年（1129）四五月间，也就是说，和《渔家傲》的创作时间相差不远，大的历史背景都是"靖康之难"，国家蒙羞。南宋朝廷从皇帝开始，上至帝王将相、皇室贵族，下至黎民百姓，无不惶惶不可终日，一路南逃，躲避金兵的追击。李清照写下这样慷慨豪迈的诗句，明摆着，是说好男儿活着要顶天立地，死也要死得光明磊落，岂能做一个苟且偷生的鼠辈！她心目中的英雄，就是像项羽那样，宁可杀身成仁，也不肯临危逃跑的伟丈夫。

显然，这是以历史指斥现实，痛斥朝廷的逃跑政策。这样的观点，李清照终其一生都没有改变过。"我报路长嗟日暮，学诗谩有惊人句"，如果李清照生为男儿身，也许她不会再叹息自己的绝世才华无用武之地，也许她真的会像项羽一样在战场上横戈跃马，成为一世英雄，即便是战死疆场也在所不惜。

英雄不以成败论，而是以精神论，以气势论。这样的气概在李清照的诗词中随处可见，只不过相对而言，在诗中表现得更为气魄宏大，在词中表现得更为含蓄细腻。

第三，我行我素，不蹈袭前人的创新精神。

在中国古代文学史上，像李清照这样誉满天下同时也谤满天下的女性可能真是一道奇特的景观：她是一个集无数赞美与无数非议于一身的奇女子。有人不遗余力地赞美她，是因为她出类拔萃的才华和性情；也有人不遗余力地诋毁她，还是因为她出类拔萃的才华和性情。正因为她有不同于寻常女性的豪迈和洒脱，她才能置无数讥谤于不顾，写出惊世骇俗的文学作品，做出惊世骇俗的事情来，对那些厌之、妒之、恨之的人报以淡然一笑。

从词的创作来看，李清照往往有超乎常人想象力的奇思妙想。例如她的名句"寻寻觅觅，冷冷清清，凄凄惨惨戚戚"连下十四个叠字，被认为是"出奇制胜""匪夷所思"的奇语；她的"绿肥红瘦""宠柳娇花""妒风笑月"等拟人手法的运用，被看作是"语新意隽"、新丽奇俊；她的梦境则突破了传统女性现实生活空间的狭深与重重阻碍，踏着梦想的翅膀凌空飞翔，"九万里风鹏正举"……

易安词之超出常人之处，曾被缪钺概括为三点：一是纯粹之词人，二是有高超之境界，三是富有创辟之才能。能够突破闺阁中女子的局限，成为与李煜、秦观争秀，与苏轼、辛弃疾争雄的杰出词人，除李清照之外，再无他人。

可以说，李清照既是一个时代的奇迹，也是一个词学史上的奇迹。

说她是时代的奇迹，是因为在基本奉行"女子无才便是德"的传统社会，女子能兼得天赋的才情和后天宽松的教育环境，成为一代才女的，本就是凤毛麟角。因此古往今来，文学史上堪称"才女"的人物屈指可数，"才女"中具有李清照这样豪迈潇洒气质的更是寥寥无几。

说她是词学史上的奇迹，是因为命运将李清照安排在了北、南宋之交这样一个特殊的时代。这一时代不但国家风云动荡，而且词在经过了唐、五代的萌芽、发展之后已达到了全盛，不仅在创作上积累了丰富的经验，从理论上也亟待总结与提炼。李清照的创作与理论正反映出了这样一个词史的关节点：创作上她被认为"极是当行本色"（沈谦《填词杂说》），理论上她的《词论》乃是第一篇专门的词学论文，提出了词"别是一家"的核心论点，为词之辨体和尊体奠定了理论基础。

从唐代开始直至北宋末年，词几乎是清一色柔情妩媚、凄婉缠绵的女性化世界，创作这些温柔之词的又几乎是清一色的男人，"男子而作闺音"是词坛的普遍现象。按常理推测，如此符合女性阴柔美的词体，由女性来创作应该是最为合适的，因为女性的所思所想所感应该是女性自己最为了解，男人无论如何揣测女性的心态，终究是隔了一层。

换言之，男人笔下的女性形象，或多或少都在现实女性的基础上掺入了男性的理想。例如，传统男性社会中女性的刻板印象最好是柔顺谦卑、风情万种又不失端庄稳重的。男性按自己的理想来设计女性形象，而在男性统治的时代，女性也按照男性的理想来规范自身。因此，纵观男性词人笔下的女性形象，往往离不开愁肠、粉泪、幽梦、残妆、柔情、轻颦、浅笑、憔悴、痴痴等、厌厌瘦等这样一些与柔弱女性相关的词汇。词中的女性形象，几乎无一例外是娇弱柔顺的，是楚楚可怜的，她们唯一的所思所想所做，就是切切地等待着男人的眷顾。雄壮陡健、豪迈不羁的女性形象在文人诗词中几乎绝迹。

男性词人笔下的女性形象是如此，少数涉足词坛的女性，往往也脱离不了这类幽情闺怨的窠臼。李清照也拥有"闺房之秀"的女性柔情，但她尤其与众不同之处，更在于那种"文士之豪"（沈曾植《菌阁琐谈》），那种任情率性、锋芒毕露的个性，心忧天下、不平则鸣的处世方式。她能够在男性意识主宰的世界中以峭拔的姿态傲视群雄，实在堪称奇迹。

李清照的经历，让我想起法国著名的女权主义者西蒙·波伏娃的一句话，大意是这样的：我们女人中不是产生不了像毕加索那样的天才，只是社会剥夺了我们拥有像毕加索那样的经历的权力。特殊的个性与经历成就了词坛中傲视群雄的苏轼与辛弃疾，也成就了特立独行的李清照。

词中英豪，半属苏辛半易安！

正是"九万里风鹏正举。"当李清照驾着梦想之舟，在命运的大海中不畏艰险破浪前行，如同展翅大鹏扶摇而上九万里上下求索的时候，那份坚强与骄傲的姿态，真"不徒俯视巾帼，直欲压倒须眉"（李调元《雨村词话》）。

奔波流徙的日子里，李清照在浙江度过了最后的岁月，她具体卒于何年，已无确凿的文献可考，但晚年"流落江湖"的困窘与坚强却是可以想见的。

是的，江南的风光旖旎，也许并不输给北方的壮丽河山，可是，此时的李清照，心里已经积聚了太多太多的悲哀与忧愁：挚爱的国家，山河破碎，"故乡何处是？忘了除非醉"；挚爱的亲人，天人永隔，"那堪永夜，明月空床"……一代传奇才女，只能在风俗殊异的异地他乡，寄托自己飘零的晚年，纵使才华未老，也只能化作哽咽的泪水——

物是人非事事休，欲语泪先流。

"舞榭歌台，风流总被雨打风吹去。"

风流人物，代代都有，可是李清照，却只有一个。

第十一讲

骚情雅意，笑傲风云——辛弃疾

骚情雅意，笑傲风云

——辛弃疾

    辛弃疾（1140—1207），初字坦夫，改字幼安，号稼轩居士，齐州历城（今山东济南）人，出生于南宋高宗绍兴十年（1140）五月十一日，卒于宁宗开禧三年（1207）。词集名《稼轩词》，存词620余首，为两宋词人存词之冠。

    在两宋词人中，如果要问谁最富有传奇色彩，应该非辛弃疾莫属了。他的一生至少有这么三点特别之处：

    第一，两宋的一流大词人中，唯一一个真正称得上文武双全且有战场经验的词人就是辛弃疾。文，自然是指他的文学才华尤其是填词绝艺，他被誉为"词中之龙"，是词人中的"仙才""霸才"；武，是指他是一位真正有过真枪实刀的战场经历的词人。从一个在北方游击作战的"草寇"到南宋的"正规军"，他经历了一般人不可能有的蜕变。

第二，诗词虽然文体有别，却是关系紧密，从晚唐到南宋的词人大都是诗词兼通的。例如温庭筠是晚唐艳情诗一大家，连被誉为婉约词宗的秦观、李清照等人也是诗词兼擅，苏轼、黄庭坚等人就更不用说了。而辛弃疾虽然也有诗文传世，他在文学史上却是以"词人"身份熠熠生辉的。甚至很早就有人断言：辛弃疾你的诗写得不怎么样，不过以后肯定会成为词坛大家！①

第三，辛弃疾无论是在军事、行政方面，还是在经济、文学方面都堪称大才，甚至有人认为其才足可与历史上的管仲、乐毅比肩，既能领军强国，又能从政富国，实是出将入相的人物。可是他自从二十三岁投归南宋朝廷之后的四十余年，近一半时间是投闲置散，隐居田园。身负奇才，忠君爱国，又正当壮年，却被朝廷弃置不用，实乃又一奇事。

辛弃疾出生于金熙宗天眷三年，也就是南宋绍兴十年（1140）五月十一日。这一年，靖康之难已过去了14年。这一年，南宋朝廷还发生了许多事，例如抗金名将李纲卒于此年正月。这年五月，也就是辛弃疾出生的这个月，宋高宗赵构借求和好不容易换来的太平日子，又因金人单方面撕毁协议而被打破：都元帅完颜宗弼率军分四路大举攻宋。虽然

---

① 陈谟《怀古录》："蔡光工于词，靖康中陷金，辛幼安以诗词谒，蔡曰：'子之诗则未也，他日当以词名家。'"

这次南侵屡次被南宋抗金名将刘锜、岳飞击败，并乘胜收复了不少失地。可惜朝廷被秦桧之流控制，岳飞、韩世忠等相继奉诏班师，黄河以南州郡又被金人攻陷。

第二年，宋金签订绍兴和议，以淮水为界，宋朝皇帝向金国称臣，纳岁币二十五万两、绢二十五万匹。岳飞被赐死于大理狱，岳云被杀。此后的南宋朝廷于屈辱中换得了数十年的"太平"。

而在女真族统治下的北方，金人对汉族老百姓实施了极为严酷的统治政策，比如，下令禁止汉人穿自己的民族服装，一律必须剃发结辫，谁敢违抗，即刻处死；不仅如此，大量的汉人还被金人像奴隶一样驱使，当牲口一样贩卖；金国统治者为了继续入侵偏安江南的南宋王朝，还不断向汉族居民大量地征兵征饷……北方的老百姓"怨已深，痛已剧，而怒已盈"，都伸长着脖子等着南宋王朝派兵北伐，赶走金人，收复中原，把他们从水深火热中解救出来。但是，南宋朝廷长期的"不作为"让沦陷区的百姓失望了，失望之余，他们觉悟到求救不如自救，起义层出不穷。

辛弃疾就是在这样的形势下出生并成长于属于沦陷区的山东。当时，济南已经被金政权统治了十二年，正是民族矛盾异常激烈的时候。由于父亲辛文郁早逝，辛弃疾从小由祖父辛赞抚养。辛赞本来在宋朝做官，北宋灭亡后没有来得及跟随朝廷一起南渡，为了族人的性命安全，辛赞只好屈身在金朝做官。可辛赞是典型的"身在曹营心在汉"，虽然他自己在金朝忍辱偷生，可是心里的民族大义是一刻都没有忘记过，并且还深深影响到了他的孙子——幼小的辛弃疾。

据辛弃疾后来写的文章《美芹十论》里说："大父臣赞……每退食，辄引臣辈登高望远，指画山河，思投衅而起，以纾君父所不共戴天之愤。尝令臣两随计吏抵燕山，谛观形势。"意思是：从小的时候起，他的爷爷辛赞就带着他登高望远，指点着被金兵统治的大好河山，希望他将来能继承爷爷没有完成的志向，抗击金兵，报仇雪恨。辛赞甚至还带着辛弃疾和他的部下一起两次到达燕山，观察抗金的地理形势。

爷爷这种言传身教，使得幼小的辛弃疾很早就在心里种下了对金朝的深仇大恨，很早就树立了有朝一日一定要赶走金兵、恢复中原的远大目标。因此，出身书香仕宦世家的辛弃疾，尽管从小就博览群书，胸罗万卷，但并不是一个手无缚鸡之力的文弱书生。据说，辛弃疾还有一个外号，人称"青兕"，形容他长得高大魁梧，像犀牛那样威猛善斗。

辛弃疾成年之后，也集结起一支约两千人的起义队伍，加入抗金的浪潮当中。为了集中力量，给金人以迎头痛击，辛弃疾率领两千起义军投奔到另一支起义大军首领耿京的旗帜下，担任了耿京的"掌书记"，为耿京出谋划策。有了辛弃疾这样的帮手，耿京的队伍如虎添翼，迅速壮大起来，号称有二十多万人，成了北方金政权的眼中钉肉中刺，严重动摇了金政权在北方的统治地位。

绍兴三十二年（1162），耿京接受辛弃疾的建议，派辛弃疾作为起义军的代表，南下建康去联络南宋朝廷，表达他们归附朝廷共同抗击金兵的愿望。宋高宗非常高兴，亲自接见了他们。没想到就在辛弃疾南下的这段时期内，起义军内部风云突变——起义军中的一个部将张安国，被金人收买，阴谋刺杀了起义军首领耿京，并且遣散了大部分义军，最后伙同部分兵将投靠了金人。金朝立马封了张安国的官——让他去做济州的知州，也就相当于今天山东巨野县的县长。

此时的辛弃疾刚刚完成与南宋结盟的使命，正好从建康北归，走到海州的时候，突然听到了张安国叛变的消息。他大吃一惊，当即与手下商量道："我是奉主帅的命令来归附南宋朝廷的，没想到发生这么大的变故，我还怎么回去复命呢？"于是他当机立断，聚集了手下五十来名骁勇的起义军人，直扑金兵营地。当时，张安国正在和金兵将领喝酒划拳，做着升官发财的美梦呢。没想到神兵突降，辛弃疾率领的五十骑兵，居然冲破了金兵五万人的重围，就在金兵的酒桌上活捉了张安国，以迅雷不及掩耳之势把他绑在马上，再冲出金兵重围。一边冲，还一边振臂高呼，号召了上万耿京的旧部下和他一起，杀出金军营地。五万金兵眼睁睁看着这个彪形大汉发威，竟然奈何他不得！辛弃疾就这样一路马不停蹄地奔过了淮河，接连飞驰了几昼夜，把叛徒张安国献给宋高宗杀了。

这一年，辛弃疾才二十三岁。

诸位想想看，这像不像一部武侠片里的场景啊？这压根儿就像是一个神话嘛！五十人冲进五万人的军营，活捉叛徒再冲杀出来，这是只有神话故事里才有的事啊！

"神话"都是由"神人"创造的。在这个故事中，从天而降的辛弃疾就像"天神"一样震慑了金兵，连南宋皇帝也因为他的英雄壮举而"一见三叹息"（洪迈《稼轩记》）。

直到晚年辛弃疾还经常回忆起这段"神话"传奇。他被罢官闲居上饶的时候，一天一个年轻人慕名来拜访这位闻名已久的老英雄，年轻人在他面前慷慨激昂地倾诉着抗金的主战立场，一再表示对朝廷主和政策的不满，表达对老英雄怀才不遇的同情。看着年轻人意气风发、情绪激动的样子，辛弃疾不由感慨万分，他的思绪又回到了那个战马嘶鸣、青春激荡的战场，于是，他挥毫写下了这首《鹧鸪天》：

> 壮岁旌旗拥万夫，锦襜突骑渡江初。燕兵夜娖银胡䩮，汉箭朝飞金仆姑。　　追往事，叹今吾，春风不染白髭须。却将万字平戎策，换得东家种树书。

这首词的上片是回忆他少年时夜袭金营，活捉叛徒张安国的壮举。那个月黑风高的夜晚，辛弃疾亲自率领穿锦衣、骑快马的旧部万余人一路狂奔，渡江南下，旌旗招展，声威浩大。北方的金兵则手忙脚乱地抓起箭筒（胡禄）想要拦截他们，可他们哪里抵挡得住汉族军士暴风雨般射过来的、名叫"金仆姑"的箭呢。短短四句，对这一段辉煌的经历做了高度的艺术概括，并勾勒出一个青年英雄的英武形象。

词的下片则是感叹他老来闲置居家、报国无门的境遇。"却将万字平戎策，换得东家种树书"，辛弃疾南渡之后曾向皇帝呈上《美芹十论》《九议》等奏章，详细汇报他在金国时了解的敌情，并且深入分析当时宋金对抗的双方形势，提出了一系列具体可行的抗金措施。可惜的是，当时的朝廷奉行主和政策，倾注他一生心血的上万言抗金良策被束之高阁，无人理睬，甚至他带回来的万余起义军也被解散。

一个文武双全的将帅之才，眼看着祖国半壁江山沦陷敌手，却只能无奈地和邻居聊聊闲话，将胸中破敌制胜的万千良策交换成邻家老农种花种树的技艺。追怀青年时期的英雄往事，再看如今满面风霜，英雄迟暮，这是何等悲怆的情怀！

"追往事，叹今吾，春风不染白髭须。"当年轻访客激情澎湃地谈起抗战主张时，再一次勾起了他深藏在内心的清晰记忆。他曾在硝烟弥漫的战场挥洒着青春与血汗，出生入死却从无畏惧，他那么渴望将自己积累的实战经验与智慧施展在报国的战场上，可现在他只能像个老农一样蛰居乡村。一年一度的春风能染绿枯黄的草木，却不能再染黑他花白的须发，眼睁睁看着年华老去，抗金报国的黄金机会一次又一次白白被浪费。每当思虑至此，怎不让英雄扼腕！

让我们再把时光回溯到辛弃疾南归的 1162 年。

辛弃疾好不容易辛辛苦苦投奔了日思夜想的"娘家"——南宋朝廷，"娘家人"却和他完全不是一条心，他甚至还遭到了"娘家人"的猜忌——南宋小朝廷只给他安排了一个江阴签判的小差使。签判是一个什么样的官？简单地说，就相当于现在的一个没有实权的市级秘书而已。除此之外，辛弃疾带回来一起投奔"娘家"的万余起义军，都被当成流民遣散到各个州县。

被解除武装的辛弃疾，满腹文韬武略、报国热忱都失去了用武之地。可怜辛弃疾原本是想回到南宋朝廷后，能够不再以"草寇"的身份打游击，而是以堂堂正正的正规军的身份，与金兵正面交战，为国家为民族建立一番不朽的功勋。但他的这一伟大理想，随着南宋小朝廷偏安局面的暂时稳定，被摧毁得支离破碎。

就这样，无法走上前线杀敌的辛弃疾，只能在后方做做地方官了。可是，辛弃疾的名气太大，朝廷里眼红妒忌甚至害怕他的人太多，即便是做地方官他也常常不得安生。有人曾做过这样的统计，辛弃疾在南宋生活的四十多年里，除去近一半时间完全被朝廷弃置不用，闲居在家；其他断断续续当官的十多年中，竟然有十七次被频繁调动……有时更是一年之中被调动三四次之多！

淳熙七年（1180），辛弃疾从湖南调任隆兴知府兼江南西路安抚使。淳熙八年（1181），辛弃疾再一次遭到言官的猛烈弹劾，台臣王蔺说他在湖南安抚使任上时"用钱如泥沙，杀人如草芥"，十二月二日，刚刚被调到江西不久的辛弃疾被落职罢任，从此开始了长达十年的隐居生活。

这样的结局辛弃疾早就有心理准备。其实，还在湖南安抚使任上的时候，辛弃疾就已萌生退隐之意，并且至晚在淳熙七年（1180），他就已经在江南东路上饶县城灵山门外购买土地营造新居，并且在长沙写下了《新居上梁文》，文章末尾以"稼轩居士"自称，说明最晚在这一年开始辛弃疾就以"稼轩"为号了。①

在淳熙八年被罢职前，辛弃疾写下了一首园林词，描写即将落成的上饶带湖新居的景致，词中似乎已流露出自己被朝廷排斥即将归隐的意识：

> 三径初成，鹤怨猿惊，稼轩未来。甚云山自许，平生意气；衣冠人笑，抵死尘埃。意倦须还，身闲贵早，岂为莼羹鲈脍哉？秋江上，看惊弦雁避，骇浪船回。　东冈更葺茅斋，好都把轩窗临水开。要小舟行钓，先应种

---

① 邓广铭：《辛弃疾传·辛稼轩年谱》，第116页。

柳；疏篱护竹，莫碍观梅。秋菊堪餐，春兰可佩，留待先生手自栽。沉吟久，怕君恩未许，此意徘徊。（《沁园春》）

这首"园林词"具备了两大要素：

其一是完整的园林构成元素，即建筑、山水、花木三元素。这三大园林元素在《沁园春》词中都有具体表现。

其二是浓厚的园林情调。在《中国园林美学》中，金学智先生这样诠释这种情调："宋词特别喜爱也特别擅长细腻地描写园林美，其中很多作品，或把园林建构及其组合作为描写对象，或把园林景观作为抒情背景，这就构成了一种特定的园林情调。"

《沁园春》词原有题序曰"带湖新居将成"，则此词就是专为带湖园林所作，是"把园林建构及其组合作为描写对象"的园林词。

宋朝是中国古典园林进入成熟期的第一个阶段。此时的园林，不仅从数量、质量上远远超过了前代，而且有了跨越性的转变，无论从园林的风格抑或是园林的思想内涵，总体上呈现出一种更圆熟融通的气质。而词作为宋代一代之文学，亦被看作是"案头的园林"，宋词整体上呈现出浓厚的"园林情调"，词人笔下的词境往往就是园境，两者融而为一，契合无间。园林词甚至成为宋词中的一大类别，"它们或即景生情、或托物言志，通过对叠石为山、引水为池以及花木草虫的细腻描写而寄托作者的情怀……"①

《沁园春》就堪称此类词作的代表，它不但具备了园林词的物质基础，而且具备了浓厚的精神意蕴，赋予了园林以独特的个性和灵魂。

"三径初成，鹤怨猿惊，稼轩未来。"词开门见山，起句就颇具气势。因为西汉的蒋诩隐居的时候在门前开了三条小路，"三径"就成了隐士所居之地的代名词。这种用法有点类似于陶渊明的"五柳"，陶渊明隐居时在住处边种了五棵柳树，遂以"五柳先生"自称，此后"五柳"也成为隐居的代称，和"三径"的意思类同。陶渊明也用过"三径"的典故，例如他在《归去来辞》中就写过"三径就荒，松菊犹存"的句子；苏轼的《次韵周邠》诗亦云"南迁欲举力田科，三径初成乐事多"。

因此，"三径初成"，说明辛弃疾的带湖新居即将建成，他的内心充满了欣喜，充满了对隐居生活的期待。

带湖，在今天的江西上饶。江南西路东境的上饶郡，地居信江之滨，故亦名信州。选择定居江西信州，辛弃疾应该是经过一番考量的。

---

① 周维权：《中国古典园林史》，清华大学出版社 2005 年版，第 189 页。

　　首先，三度宦游于江西 ① 使他有机会见识江西上饶山川之美，朱熹《济南辛氏宗图旧序》云："稼轩辛公……大观山水，察风土之异齐。知土沃风淳，山水之胜举，无若西江信州者，遂爱而退居信之上饶。"这是辛弃疾选择上饶的直接原因。

　　其次，江西在南宋时期处于特殊而突出的战略地位。正如洪迈在《稼轩记》中所载："国家行在武林，广信最密迩畿辅，东舟西车，蜂午错出，处势便近，士大夫乐寄焉。"这意味着上饶靠近京城，交通便利，是一个可退可进的地方：进可上朝天子，退可隐居山林，这和辛弃疾当时特殊的心态是极其契合的。因为他并不想真正退守田园、流连光景，其内心恢复中原、报效国家的热情一刻都不曾消退。王水照先生把这种特殊且矛盾的心态概括为"待时而沽的东山之志" ②，可谓一语中的。

　　最后，此时的上饶已经成为南宋文人园林聚集地之一。南渡后许多文人纷纷选择到上饶起高楼、修池苑、筑园林，其中较为著名的有韩元吉的南涧，向子諲（yīn）的清江芗林，洪适的盘州，洪遵的小隐园，洪迈的野处，杨万里的诚斋，

───────────

　　① 淳熙二年（1175）六月十二日稼轩出为江西提点刑狱，节制诸军，进击茶商军；淳熙四年（1177）因江陵率逢原事徙知隆兴府兼江西安抚；淳熙八年（1181），再任江西安抚使。

　　② 王水照：《苏、辛退居时期的心态平议》，《文学遗产》1991年第2期。

任诏的盘园等。与此同时，这也在一定程度上形成了一个文人园林的文化圈，辛弃疾选择于此定居与这种文化上的吸引大概也有关系。不同的文人园林都蕴含着不同的精神内涵，呈现出异彩纷呈的美学风格，而稼轩的带湖，以及几年后他再次修筑的瓢泉居所正是这个文人园林圈中富有园主个性魅力的园林代表。

了解带湖具体景观除了辛弃疾此时期的词作之外，最可靠的资料当属洪迈的《稼轩记》。带湖位于信州城北一里许，其地"故有旷土存，三面附城，前枕澄湖如宝带，其纵千有二百三十尺，其衡（横）八百有三十尺，截然砥平，可庐以居"。可见带湖的整体面积是相当可观的。辛弃疾把此处园林命名为"带湖"，大概也是从"前枕澄湖如宝带"得到的灵感。

从孝宗淳熙九年（1182）迄光宗绍熙二年（1191），前后十年时间辛弃疾一直隐居在带湖。

不过，辛弃疾创作这首《沁园春》的时候仍在江西帅任上，正担任江西安抚使的职务，尽管"三径初成"，带湖新居落成，他还是不能抛弃一切归隐山林。"稼轩未来"，新居主人迟迟不能归来，不免引得"鹤怨猿惊"。

"鹤怨猿惊"也有出典。南朝齐孔稚圭《北山移文》有句曰："蕙帐空兮夜鹤怨，山人去兮晓猿惊。"孔稚圭这两句本来是指隐居钟山的周颙再度出仕，引得山林中本来与他朝夕相处、关系亲密的鹤啊，猿啊在惊讶之余都感到怨愤。辛弃疾在这里是反用典故：新居落成，园林规模初具，可是主人仍辗转红尘迟迟不归，岂不引得鹤怨猿惊、失意落寞？

"甚云山自许，平生意气；衣冠人笑，抵死尘埃。""衣冠"，指的是士大夫官僚，李清照就曾经写过"南渡衣冠少王导，北来消息欠刘琨"的诗句。"尘埃"本是指俗世中的尘埃，这里应是代指官场的污浊。白居易《游悟真寺》诗说："抖擞尘埃衣，礼拜冰雪颜。"意思与此相近。"抵死"就是老是、总是的意思；"抵死尘埃"即为老是在俗世中盘旋不能自拔之意。

因此，所谓"云山自许"四句其实是词人的自嘲了：为什么我以逍遥山林、闲看风云为平生志向，却还要在红尘俗世里辗转为官，总是下不了决心潇洒地转身离去，惹得一帮名士们讥讽嘲笑呢？

词读到这里，我们会发现，尽管带湖新居落成带给辛弃疾莫大的欣喜，但其实他的心情远远不只是欣喜，而是一种兼有欣喜、失意、怀疑甚至愤慨等在内的复杂情绪。在词里，他说自己的平生意气是逍遥山林，不问世事，可实际上，辛弃疾平生最大的志向并不是隐居山林，而是驰骋疆场，抗金报国，收复中原。

正如邓广铭在《辛弃疾传·辛稼轩年谱》中所概括的那样："南归四十余年间，强半皆废弃不为时用，用亦不得尽其才。"南归后的辛弃疾，内心的无奈和痛苦可想而知。因此他在词中叹息道："意倦须还，身闲贵早，岂为莼羹鲈脍哉？"朝廷内部尔虞我诈，争斗不息，对外又不思恢复，一味求和以求苟安，词人对此早已倦怠，无数次萌生退意，想要尽早急流勇退。

"莼羹鲈脍"又是一个典故。西晋张翰在洛阳齐王司马冏处为官，曾经在秋风起时，突然想念起家乡的美味：莼菜羹、鲈鱼脍，不由得心生感慨："人生贵在适意，怎么能背井离乡奔波千里只为谋求功名利禄呢？"于是毅然挂冠而去。

这一典故，表面上看来张翰是因为思念家乡的美味而归隐，实际上是因为他已经预感到将来的危机——齐王执政，祸乱频生。于是张翰早早为自己打算了退路，聪明地选择了退隐。后来齐王果然兵败，张翰因早已辞官而免于受牵连。

因此，辛弃疾虽然引用了张翰的典故表明归隐的意愿，却又声明自己的归隐并不像张翰那样是为了莼菜羹、鲈鱼脍的美味，而是另有苦衷的。

"秋江上，看惊弦雁避，骇浪船回。"词人把自己比喻为躲避弓箭的秋江鸿雁，比喻为准备扬帆出航的船只却因风浪骤起而不得不掉头回归，他似乎预感到了即将到来的惊涛骇浪，只能无奈地选择急流勇退。

就在创作这首《沁园春》的淳熙八年年底，辛弃疾被弹劾罢官，真正开始了在带湖新居长达十年的隐居生活。

那么，带湖新居到底有什么地方值得辛弃疾如此期待，甚至让他还在任上就已经萌生去意呢？词的下片就可以回答我们这个疑问了。

"东冈更葺茅斋，好都把轩窗临水开。要小舟行钓，先应种柳；疏篱护竹，莫碍观梅。秋菊堪餐，春兰可佩，留待先生手自栽。"这里层层铺叙带湖新居的园林亭台，水木花草的胜境：东冈还须再盖一所茅草顶的书斋，窗子要全部临水而开。为方便在小船上钓鱼，要在湖边先种上柳树；插上篱笆保护修竹，同时也要注意篱笆的高度，千万不要挡住从轩窗观看梅花的视线。秋菊可以馔酒而餐，春兰可以修饰佩带，这些都留待"我"归来时亲自栽种。一派悠然恬淡之意，流漾于字里行间。

词人计划筑茅斋、开轩窗，参与种柳、观梅、栽菊、养兰等事项的设想，显示出他对带湖的热爱不是坐享其成式的被动接受，而是有着自己独特的安排与经营。

辛弃疾词好用典故，这几句当中依然延续了他的这一习惯。例如"秋菊堪餐，春兰可佩"就源自屈原《离骚》的"朝饮木兰之坠露兮，夕餐秋菊之落英"和"扈江离与辟芷兮，纫秋兰以为佩"等句。竹、梅、菊、兰在中国传统文化中有高人雅士的象征含义，被赋予"四君子"的雅称，难怪辛弃疾在修整自己园林的时候，会如此看重这些清幽雅致的花木了。

其实，辛弃疾不但是难得的政治家、军事家和文学家，他还深谙造园之道。例如他在知滁州时，曾经主持修建奠枕楼，后帅浙东，又建秋风亭。崔敦礼《宫教集》中代严子文所写的《滁州奠枕楼记》有一段关于奠枕楼的描述："吾与父老登楼以娱乐，东望瓦梁清流关，山川增气，郁乎葱葱，前瞻丰山，玩林壑之美。"由此可知登临其上则山川林壑尽收眼底，远处气象开阔的山川与近处优美秀丽的林壑相得益彰，此唯有"相地"功夫并能够尽用对景借景之妙的人，才能选得如此佳地。此楼由辛弃疾主持修建，选地必然也经他同意。

稼轩自己在《声声慢·滁州旅次，登奠枕楼作，和李清宇韵》词中写道："征埃成阵，行客相逢，都道幻出层楼。指点檐牙高处，浪涌云浮。"把奠枕楼高耸入云的气势描绘得形象生动。虽由此不能窥其楼全貌，但至少可以感受到奠枕楼的大气雅致。因此，在带湖建筑自己的私家园林时，辛弃疾更是忘情地投入园中的设计安排，以实现自己的造园理想和审美追求。

淳熙八年（1181），洪迈抵达南昌，辛弃疾把此时还在修建中的带湖绘成草图给洪迈看并请他做记，洪迈在《稼轩记》中云"绘图畀余曰：'吾甚爱吾轩，为吾记'"。可见辛弃疾对带湖的修建是十分满意并充满期待的。

明白了辛弃疾对带湖寄予的期望，我们就能理解他为什么如此津津乐道于栽花植树了。当然，花木本为无情之物，但一旦花木具备了某些特定的象征意义，其价值就另当别论了。辛弃疾用《离骚》中餐菊佩兰的典故，无疑是表达自己向往屈原芬芳高雅的节操和忠君爱国的坚贞。

"骚情雅意"，在稼轩词中几乎无处不在，即便是在以园林为主题的"闲词"中，也依然充溢着浓厚的忠愤慷慨之情，一如前人所说："辛稼轩当弱宋末造，负管（仲）、乐（毅）之才，不能尽展其用，一腔忠愤，无处发泄……故其悲歌慷慨，抑郁无聊之气，一寄之于其词。"（徐釚《词苑丛谈》引黄梨庄语）

这种"悲歌慷慨"之气在词之结尾就流露得更加明显了："沉吟久，怕君恩未许，此意徘徊。"作此词时，辛弃疾尚在江西帅任上，他虽然对宦途的艰险、朝廷软弱的军事态度深感失望，甚至常有心力交瘁之感，但还并没有最终下定决心抛弃朝廷，决然隐退。因此，词之下片在层层描述了自己要在带湖园林中进行开窗、葺斋、种柳、结篱等种种筑园活动之后，词人想象着退隐后的生活只能托意竹柳、寄怀山水。然而词人毕竟没有完全放下他的担忧和焦虑，就像屈原一样，即便屡受猜忌和排挤，也依然心向君国。因此在结尾处以"沉吟久"稍作停顿，转出"此意徘徊"的复杂心理，倾诉出积极用世与退隐林下的矛盾心情。

"怕君恩未许，此意徘徊"，词人真的是怕"君恩"不允许他去过吟风咏月的隐居生活吗？

不是。

他更怕的是君恩真的许了之后，自己就再无用武之地的困顿和无奈。所以带湖将成的消息对辛弃疾来说既是喜悦的又是失落的，既是充满期待的又是徘徊犹疑的。

然而，王蔺的弹劾最终替他省却了很多关于用世与退隐的矛盾纠结，不必再沉吟，也无须久久徘徊，直接被投闲置散，到充满水光山色的带湖园林去颐养身心吧。

淳熙八年（1181），落职的辛弃疾终于归来。刚落成的带湖新居中不再"鹤怨猿惊"，而一朝闲散下来的词人，虽然心中不免忧愤，却也投入到了新的园林生活中，带湖的园林景观成了他的最爱。他还曾在《水调歌头》一词中欣慰地宣称："带湖吾甚爱。"闲来无事的词人，在带湖园林中甚至可以"一日走千回"。

整个带湖园林湖光山色相映成趣，亭台楼阁坐落其间，有繁花似锦，有竹柳成荫，更添一处泱泱稻田，纯是一派江南风光。辛弃疾在此闲居整整十年，他对带湖风月的感情正如他在词中所说那样真挚："也莫向、竹边辜负雪，也莫向、柳边辜负月。闲过了、总成痴。种花事业无人问，惜花情绪只天知。笑山中，云出早，鸟归迟。"（《最高楼》）从坎坷、险恶的宦途归来，稼轩由衷地庆幸自己有一处园林可与湖边风月同乐，可容精神安居，可允身心休息。

如今带湖园林虽已烟消影散，但我们似乎仍能伴随着词人的审美记忆，在其建筑、山水、花木中穿梭，体味其浓郁的生活气息和幽雅的艺术情调。稼轩园林词凝聚的是词人的审美情趣和审美理念，同时也是词人的人生态度和生命价值观的真实表达。

淳熙八年（1181），辛弃疾才四十二岁，年富力强，他还在进与退的纠结中"徘徊"。可是，君王不能体察他的忠心和他的"徘徊"，让他正当壮年之时却不得不投闲置散，这一闲下来就是十年。

宋代诗人词人以自己的园林、寓所、斋室名作为别号十分普遍。苏舜钦寓居苏州筑建沧浪亭，自号"沧浪翁"，苏轼号"东坡居士"，黄庭坚又有号曰"贫乐斋"，毛滂号"东堂"等，这都体现了宋代士人与园林文化的紧密结合，而此背后的精神内涵则是别号主人的淡泊名利、寄情山水的闲适意趣。辛弃疾的"稼轩"则是另外一种精神内涵。

为何以"稼"名轩？

洪迈的《稼轩记》提到"意他日释位得归，必躬耕于是，故凭高作屋下临之，是为稼轩"；《宋史·辛弃疾传》又云："（辛弃疾）尝谓：'人生在勤，当以力田为先。北方之人，养生之具不求于人，是以无甚富甚贫之家。南方多末作以病农，而兼并之患兴，贫富斯不侔矣。故以"稼"名轩'。"跟其他诗人词人在退隐时意寄萧散的情怀不一样，辛弃疾有着浓厚的重农思想和归农情怀，他把自己的书房命名为"稼轩",并自号"稼轩居士",正是这种思想和情怀的体现。

表面上看,以"稼"名轩体现着辛弃疾的重农思想和隐退心态,但对一个衣食无忧的士大夫来说,能不能真正做到"躬耕"田野有待商榷。他的重农思想的背后体现的并不是如陶渊明那样躬耕南山的悠闲,更多强调的是亲力亲为的实践能力,不愿依附于人的积极向上的坚定姿态。这同他在政治上所秉承的那种势必整顿乾坤、收复失地的坚定气节如出一辙。因此稼轩是他归老田园时的精神寄托,此"稼"未必真及禾黍,也许稼的便是他的满怀抱负。

由此可见,"稼轩"的精神内质是矛盾的两极:一是辛弃疾在政治上失意时不得已所选择的一种消极的人生姿态;另一则是他心中永远挥之不去的政治抱负和坚定气节。这正是稼轩之所以"沉吟久,此意徘徊"的根本原因。

对于辛弃疾来说,带湖的风月再美也只是暂时的风月,权且的隐忍只是为了更有期望的等待。

是的,壮美的园林并没有真正安顿稼轩的灵魂。带湖十年,词人虽有倾心于"带湖买得新风月"的安逸,却更有"功名浑是错"的抱怨。辛弃疾仍心存天下,内心从未停止过对事业功名的向往与追求。

绍熙三年(1192),闲居十年的辛弃疾忽然被起用为福建安抚使,可是仅仅两年后,即绍熙五年(1194),又因御史中丞何澹弹劾罢福建帅任,再一次退居江西上饶的瓢泉居所。瓢泉是带湖之外的另一处"别墅"，其始建是在稼轩卜居带湖之时，约在淳熙十四年（1187）。辛弃疾在买下周氏泉并改之为"瓢泉"时，他才真正在此营建居室，瓢泉园林之壮观秀美不逊于带湖。后来带湖失火被焚，稼轩遂举家迁往瓢泉。

瓢泉之隐的八个春秋，词人从五十六岁到六十四岁，在他看来这已是风烛残年，但他依然有"此身忘世浑容易，使世相忘却自难"（《鹧鸪天·戊午拜复职奉祠之命》）的抑郁与愤懑。当年的"此意徘徊"到如今已是彻底觉悟了。尽管六十四岁高龄的辛弃疾曾再度被韩侂胄起用，为浙江东路安抚使，被派到镇江筹备北伐，然而这次重新出山还不到十五个月，就因与韩侂胄战略不合，又一次被安上"好色贪财"的罪名罢归乡里。对这样的罢免，久经风雨的辛弃疾是早有预料的。

辛弃疾归田以后，韩侂胄北伐果然如辛弃疾所预料的那样，因为过于仓促草率而遭遇惨败。这次惨败的结局，是南宋朝廷再一次向金人求和。

开禧三年（1207），金人以索取权臣韩侂胄的脑袋为议和条件。韩侂胄也算是有血性的人，金人的挑衅让他勃然大怒，准备再次对金朝用兵，此时他又想到了请辛弃疾再次出山，以壮军威。但是，这一次，辛弃疾再也不能豪迈应征了。1207 年，这也是辛弃疾生命的最后一年，在这年的秋天，六十八岁的辛弃疾，抱恨长眠。在他临终前的一刻，他强撑起病体拼尽全力大喊三声："杀贼！杀贼！杀贼！"这是他留在这个世界上最后也是最顽强的心声！

在生命的最后二十多年里，辛弃疾主要是与自己精心修葺的带湖、瓢泉园林相依相伴的。园林中的夕阳月色、斜风细雨、牛羊鸡狗、梅兰菊竹、柳色依依……无不给在现实中受到深深伤害的词人以生命的抚慰，为他提供了一片精神的游牧憩息之地。

如果说辛弃疾的平生志向，一是北伐复国，一是逍遥山林的话，那么当北伐复国的壮志成为泡影，带湖、瓢泉却给他提供了逍遥适意的园林空间。他当初设想的"东冈更葺茅斋""轩窗临水开""小舟行钓""疏篱护竹"、观梅餐菊……都一一成了现实。他当初的"沉吟久，此意徘徊"成了后来真正无可奈何的彻底归隐，"却将万字平戎策，换得东家种树书"成了他晚年最无奈、最悲愤、最深重的慨叹。

人与自然如此默契无间，人与人事之间却是如此悲凉，英雄慷慨如辛弃疾也无回天之力。在失望乃至绝望的洞察世事之后，试图从纷纭的"蜗角争斗"中解脱出来，把自己的生活纳入"庭院深深"的园林，回归自己的内心，回归自然，成了稼轩后半生最寂寞、最痛苦的挣扎。

身在园林，心向君国，可"君恩"何在？稼轩此情何堪？

"敛雄心，抗高调，变温婉，成悲凉"，安顿稼轩身心的园林，又何尝不是他憔悴灵魂在人世间的苦苦挣扎？

第十二讲

寄兴风物，幽韵冷香——姜夔

寄兴风物，幽韵冷香

——姜夔

姜夔（1155—1221），字尧章，号白石道人，饶州鄱阳（今江西鄱阳）人，大约出生于南宋高宗绍兴二十五年（1155），卒于宁宗嘉定十四年（1221）前后，以布衣终身。词集名《白石道人歌曲》，存词84首。

也许很多人了解姜夔，是从他的名篇《扬州慢》开始的。南宋孝宗淳熙三年（1176）的冬至日，姜夔第一次踏上曾是国际化繁华大都市的扬州。当时，他满脑子装的都是晚唐诗人杜牧"春风十里扬州路""二十四桥明月夜"的美丽诗句①，于是，他一进城，就迫不及待地去寻找二十四桥。

① 杜牧《赠别二首》其一："娉娉袅袅十三余，豆蔻梢头二月初。春风十里扬州路，卷上珠帘总不如。"《寄扬州韩绰判官》："青山隐隐水迢迢，秋尽江南草未凋。二十四桥明月夜，玉人何处教吹箫。"

二十四桥还在，可是，扬州城完全不是他想象中的繁华美丽。因为这一年，离北宋的"靖康之难"刚刚过去50年。北宋灭亡之后，金兵又数次南侵扬州，曾经繁华的国际大都市一次又一次被战火肆意摧残。因此，当年轻的姜夔来到扬州的时候，他惊讶地发现，暮色下的扬州几乎成了一座空城，没有"春风十里"的繁华美艳，没有明明如水的月色，没有悠然吹箫的"玉人"，只有远处传来的军营号角声，此起彼伏，悲凉而空旷。

孤独的姜夔忍不住长叹一声，忍不住对着夜空，向300多年前的杜牧喊道：杜郎啊杜郎，如果你和我一样，这个时候再来到扬州，看到这种残败的景象，恐怕你也会惊讶得不相信自己的眼睛吧？哪怕你的才华再高，诗情再好，你也写不出"春风十里扬州路""二十四桥明月夜"那样美丽的诗句了吧？当年映照着繁华都市的明月，如今只是一轮"冷月"，陪伴着同样凄冷的城市。当年的春风十里扬州路，如今再也看不到富丽堂皇的亭台楼阁和容颜娇媚的丽人，只剩下肆意蔓延的荒草、乔木和荠麦。二十四桥旁边的红芍药花还在一年一年地开着，可是还有谁会来欣赏它们呢？杜郎啊杜郎，如果你再来到扬州，看到这一切，你一定也会和我一样悲痛欲绝吧？

正是深深有感于杜牧笔下"春风十里"的美丽扬州，再对比眼前一片荒凉的城市废墟，姜夔才专门制作了一首曲子，名为《扬州慢》：

> 淮左名都，竹西佳处，解鞍少驻初程。过春风十里，尽荠麦青青。自胡马窥江去后，废池乔木，犹厌言兵。渐黄昏，清角吹寒，都在空城。　杜郎俊赏，算而今重到须惊。纵豆蔻词工，青楼梦好，难赋深情。二十四桥仍在，波心荡冷月无声。念桥边红药，年年知为谁生。

词中"过春风十里，尽荠麦青青""杜郎俊赏，算而今重到须惊。纵豆蔻词工，青楼梦好，难赋深情。二十四桥仍在，波心荡冷月无声"都是在化用杜牧的诗句。[1] 词中的"杜郎"实指杜牧，"春风十里"简直就是昔日繁华扬州的代称，姜夔正是通过今昔对比，赋予《扬州慢》词以深沉而悲怆的家国兴亡之感。

不过，姜夔毕竟不是辛弃疾那样慷慨激昂的"战士"，他只是辗转江湖的一位词人，因此战争的痕迹在他的词中表达得较为隐晦。姜夔留给世人的印象，更像是一位仙风道骨的"神仙"。姜夔自号白石道人，"道人"这样的雅号已经标榜了他出世的人生态度，不与浊世为伍，寄情山水，以歌

---

[1] 姜夔《扬州慢》序：淳熙丙申至日，予过维扬。夜雪初霁，荠麦弥望。入其城则四顾萧条，寒水自碧。暮色渐起，戍角悲吟。予怀怆然，感慨今昔，因自度此曲。千岩老人以为有黍离之悲也。

诗怡情悦性，放达人生。

姜夔也是一个文艺全才，诗词骈文等各体兼擅，书法独步一时，还是通晓音律的超一流音乐家。他的词更是格调清雅，风韵婉娈，连辛弃疾都不得不深为叹服。

姜夔少年孤贫，屡试不第，以清贫的布衣身份终老。少年时代他曾跟随做汉阳县令的父亲往来于汉阳，父亲去世后又跟随出嫁的姐姐，寓居沔之山阳。他一生往来奔波于湖北、湖南、江西、浙江、江苏、安徽等地，过着浪迹江湖的漂泊生活。

就在淳熙三年（1176）至十三年（1186）这十年间，也就是姜夔二三十岁左右的时候，他曾几度往返于江苏、安徽等地，在合肥认识了歌女姐妹二人。合肥歌女不但没有嫌弃落魄的词人，还给予了他真诚的帮助。失意的姜夔，终于在合肥歌女的陪伴下感受到了人生的温情，并且与歌女姐妹中的一位产生了深挚的恋情。[①]

要感受姜夔的"仙风道骨"和深挚恋情，我们还是首先从他的经典词作开始。且看这首《长亭怨慢》：

> 渐吹尽、枝头香絮，是处人家，绿深门户。远浦萦
> 回，暮帆零乱向何许。阅人多矣，谁得似长亭树。树若

---

① 夏承焘《行实考·合肥情事》认为姜夔所恋为姐妹二人，而赵晓岚《姜夔与南宋文化》一书则认定姜夔所恋为姐妹中之一人。此从赵说。

有情时，不会得青青如此。　　日暮。望高城不见，只见乱山无数。韦郎去也，怎忘得、玉环分付？第一是早早归来，怕红萼无人为主。算空有并刀，难剪离愁千缕。

　　表面上看来，这是一首咏物词。学界公认咏物词发展至南宋已臻绝诣，在咏物咏景词中寄予作者的人生感慨，是南宋词家常用笔法，姜夔、史达祖、吴文英、王沂孙等均是此中圣手。正如蒋敦复《芬陀利室词话》所云："词原于诗，即小小咏物，亦贵得风人比兴之旨。唐、五代、北宋人词，不甚咏物，南渡诸公有之，皆有寄托。"

　　姜夔这首《长亭怨慢》，吟咏的也是在自然景物中颇具仙风道骨的一种植物——柳。

　　在姜夔所有的咏物词中，他最为偏爱的也许莫过于梅和柳了。梅，自古就是文人墨客争相吟咏且往往引以自喻的对象，"映雪拟寒开"（南朝梁·何逊《扬州法曹梅花盛开》）的梅花以其不畏严寒的坚强贞洁和不与百花争艳的清高纯雅，赢得了无数文人的追捧。而梅花在中国文学史上的真正"盛开"就是在尤为标举清风雅韵的宋代，这也是梅花开得最美最艳最清香最"占尽风情"的时代，姜夔的名篇《暗香》《疏影》就是咏梅的佳作。

　　不过，对梅的偏爱似乎还不足以让姜夔从众多追捧梅花雅韵的文人词客中脱颖而出，倒是姜夔笔下的柳，比其他的文人更多了一层独特的风韵。

柳的意象早在《诗经·采薇》中就已经出现过："昔我往矣，杨柳依依。今我来思，雨雪霏霏。"在所有的植物中，也许柳是最具有绰约风姿的了：随风飘拂的柳条仿佛女性婀娜摇曳的体态，又仿佛丝丝缕缕剪不断理还乱的长发，更似女性委曲缠绵、含蓄婉约的心绪。连柳的"副产品"——柳絮在风中的轻舞飞扬也恰似女性漂泊的相思，女性往往希望凭借飘飞的柳絮，携带着她的思念，飞向她那不知漂泊在何处的心上人，向他依依诉说着别后的凄凉痴怨。

都说美人如花，的确，古代的诗词作品往往以花拟美人，却很少将女性比作树。直到当代女权意识苏醒之后，才有了像女诗人舒婷那样豪迈的宣言："我必须是你近旁的一株木棉，作为树的形象和你站在一起。"（《致橡树》）这样顶天立地的树的形象，和古代女性的柔弱形象是有天壤之别的。这样看来，唯一可以用来比拟古代女子婉如清扬的形象的树，就非柳莫属了。

在姜夔偏爱的植物意象中，梅的高洁多为他人格的自许，而柳的风姿绰约，则更多融入了一层指向女性的爱情特质。相对于其他花木意象来说，梅和柳的"仙风道骨"，主要体现在人格的高洁淡泊和情感的婉约清雅上，不俗不艳，不染尘泥。

姜夔的这首《长亭怨慢》一开篇就吹拂起了漫天飞扬的

柳絮，也仿佛吹拂起了漫天飞扬的思绪："渐吹尽、枝头香絮。"已经是暮春时节了，"是处人家，绿深门户"，随着枝头柳絮飘尽，柳树已经浓荫蔽地，沿路的人家在飘扬的柳条中若隐若现若明若暗，仿佛隐在柳荫深处。在这个"庭院深深深几许"的"绿深门户"中，又会隐藏着什么呢？它和词人的情绪有着怎样千丝万缕的联系呢？

此刻的词人，也许是正要告别"绿深门户"而再度远游。"远浦萦回，暮帆零乱向何许。""浦"，指水岸。"远浦萦回"，正是指远行的游子是走水路，顺着曲折宛转的水道渐行渐远。在黄昏的暮色中，"零乱"的帆船不知道又要向何处飘零而去。

古往今来，离别的诗句可谓多如牛毛。江淹的《别赋》状离情尤为沉痛："黯然销魂者，唯别而已矣。"柳永在《雨霖铃》中也将离情写得千回百转："都门帐饮无绪，留恋处，兰舟催发。执手相看泪眼，竟无语凝噎……"姜夔在词中也是写离情，可是，他没有像江淹那样作沉痛之语，也没有像柳永那样作缠绵悱恻之叹，将黯然销魂的离情尽情渲染下去，他只是在寥寥几笔点染了离别的环境之后，在空灵处悄然宕开一笔，又回到了咏物的主题——柳上面。

"阅人多矣，谁得似长亭树。树若有情时，不会得青青如此。"这几句自然是在继续咏柳。咏物词的一大特点，是句句不离所咏之物，可是往往从头至尾都不出现物体的本名。

这也是南宋末年词学家沈义父所说的："咏物词，最忌说出题字。如清真梨花及柳，何曾说出一个梨、柳字。梅川不免犯此戒，如'月上海棠咏月出'，两个月字，便觉浅露。他如周草窗诸人，多有此病，宜戒之。"（《乐府指迷》）姜夔此词咏柳，就合乎沈义父所说的咏物词规范，从头至尾都没有出现一个"柳"字，可是句句都紧紧围绕着"柳"来做文章。

那么，从"阅人多矣"以下四句，如何得知仍然是在咏柳呢？

原来，这四句是化用了一个著名的典故。据《世说新语》记载，东晋桓温大司马率领大军北伐经过金城的时候，看到他以前做琅琊内史时种的柳树，如今已经长得非常粗大了，他抚摸着柳条，不由得泫然流泪，长叹一声，说："木犹如此，人何以堪！"桓温从柳树的成长变化中，看到了时光的流逝，从而引发了具有浓厚悲情的生命意识。

姜夔写这首《长亭怨慢》时留下了一段小序，序言是这样说的：

> 予颇喜自制曲，初率意为长短句，然后协以律，故前后阕多不同。桓大司马云："昔年种柳，依依汉南；今看摇落，凄怆江潭；树犹如此，人何以堪！"此语予深爱之。

序言引用的"昔年种柳"六句，其实是北周庾信在《枯树赋》中引用的桓温的话。在桓温的感叹中，柳树的成长提醒了时光消逝的迅捷；在庾信的《枯树赋》中，柳树的"摇落"则显示了时光对人事的摧残。二者相同之处都是有情之人赋予了无情之物以丰厚的情感：连柳树这样的无情之物都能敏锐地捕捉到时光的巨大力量，何况是有情之人呢？"树犹如此，人何以堪"的感叹与唐代诗人李贺的"天若有情天亦老"是何等惊人的相似！

这种时光流逝的悲情意识在我们的生活中也会常有。在岁月的长河中，一年又一年，我们体验着生命的悲情与成长的喜悦，那其实是一种很难用语言表述清楚的复杂情感。

对姜夔来说，因为离别而产生的复杂情感恐怕也是很难用语言表达清楚的，所以他将一切感慨系之于柳。一个情感丰富、思维敏锐的词人，对时光流逝带来的变化往往感受也最深。词人说"阅人多矣"其实也是感叹自己经历了漫长的漂泊生涯，身边的人和事来来去去，似乎没有什么是永恒不变的。"长亭"本来是指古代旅人中途休息的地方，一般也是行人送别的地点。在旅途中飘零的词人，当他再次看到长亭边的柳树时，他才蓦然惊觉：这个世界中，原来也有不变的事物！

当他无数次经过长亭的时候，已经经历过太多人事的变化，他的容颜憔悴了，他的脚步疲惫了，他的情感零落了，他的心也沧桑了，可是长亭边的柳树好像对这一切变化都无动于衷，毫无心肝似的竟然一年更比一年茂盛。因此姜夔才会慨然长叹："树若有情时，不会得青青如此。"

上片在这种沉痛的叹息中戛然而止。细心的读者可能会发现，姜夔在词中是反用了桓温种柳的典故：桓温手攀柳枝发出"木犹如此，人何以堪"的感叹，是将柳树视为与人一样的有情之物，时光、人、柳三者的变化是情意相通的；而姜夔却是在质问柳的无情：如果柳树也像人一样有情，它怎么会不像人一样在岁月的摧残、在离别相思的煎熬中衰老、凋零，而依然青青如故呢？也许在这样的质问中也包含了词人对柳树的羡慕：要是人也能像柳树一样常青不老，能对岁月的折磨、离别的不舍无动于衷，那该多好啊！

柳树的无情，更加反衬出了人的深情。姜夔的言外之意，其实是人不可能像柳树一样无知无觉。情感细腻的词人，注定要对人世间的悲欢离合有着切肤之痛！清人陈廷焯云："'阅人多矣，谁得似长亭树。树若有情时，不会得青青如此。'白石诸词，惟此数语最沉痛迫烈。"（《白雨斋词话》）

情之所钟正在吾辈，即便"仙风道骨"如姜夔，情到深处，谁又能真正逍遥于世外？

换头"日暮"一句，再一次强化了时光意识。"高城"也是古典诗词常用的意象，多用于表达惜别之情。例如唐代诗人欧阳詹在与一相恋女子分别时曾赠诗云："高城已不见，况复城中人。"秦观《满庭芳》中也有这样的句子："伤情处，高城望断，灯火已黄昏。"在诗词中，高城、庭院、楼台这一类意象作为相对固定的场所，是离别之际词人相思的落脚之地，是相思对象的长期居所；而长亭短亭、帆、舟、马、车等作为旅途常见的意象，往往代表离别的行人，表达旅途漂泊的伤感。行人是漂游不定的，而被行人念念不忘的相思对象则是相对稳定的。

此刻，在旅途中的词人回头再想遥望"高城"的时候，他的视线已经被无数乱山给遮蔽了，他越走越远，再也看不到他所思念的人了。那么他思念的到底是谁呢？

"韦郎去也，怎忘得、玉环分付？"此处又用到了一个典故。据《云溪友议》记载，唐代有一位叫韦皋的才子，曾经与女子玉箫相爱。临别时，韦皋赠给玉箫一枚玉指环作为定情信物，并且约定最长不超过七年，他一定会来迎娶玉箫姑娘。八年过去了，玉箫姑娘苦等韦皋不至，遂绝食而死。后来韦皋得到一名歌姬，长相酷似玉箫，更神奇的是，这名歌姬的中指有一圈微微隆起的肉，很像是玉指环的印记。

姜夔用韦皋与玉环的典故，是模仿了玉箫姑娘的口吻在悲悲切切地质问情郎："自你去后，还记得分别时我对你的叮嘱吗？还记得玉指环代表的誓言吗？"

那么这对情侣分别的时候又有过一番怎样缠绵的嘱咐和誓言呢？

"第一是早早归来，怕红萼无人为主。"其实，女子的嘱咐只有一句：你千万千万要早一点回来啊！

"红萼"代指花，也是女子的自拟。古代的女子，尤其是歌女身份低微，她们的人生不能由自己做主，她们只有殷殷寄望于爱人身上。"怕红萼无人为主"，这样的期盼可谓一往情深，哀婉缠绵。

可以想象，姜夔用的这个典故，分明是寄托了他和恋人的相思。词读到这里，我们才终于明白了：原来词人是醉翁之意不在酒，他在词序中借桓温的感叹来表明词的主旨是咏柳，词的上片也须臾不离咏柳的主题。然而柳毕竟只是寄托词人情感的一个载体，将与恋人的深深惜别之情寄寓于依依杨柳之上，才是词人的真正用意所在。

"第一是早早归来，怕红萼无人为主。"恋人缠绵缱绻的叮嘱犹在耳，可身不由己的词人在漫长的漂泊中看不到相聚的目标，他的离愁，他的相思，在越来越遥远的旅途中益加深重。"算空有并刀，难剪离愁千缕。""并刀"即并州（今山西太原）出产的剪刀，以锋利著称。即便是锋利的并州剪刀，又怎么剪得断千丝万缕、缠缠绵绵的离愁呢？

高明的词人没有忘记咏柳的题旨，结句的"离愁千缕"仍然回归了柳的主题。在风中轻扬的千丝万缕、缠绕纠结的柳条，不正象征着词人心中剪不断理还乱的思念吗？

柳，从外在形象来看，原本是极具"仙风道骨"的一种植物，其轻飏的姿态，飘飞的柳絮，都好似与世间万物全无挂碍，有超然出世的气韵。可是，这样一种在外在形象上似乎飘飘欲仙的植物，在中国传统文学中却偏偏被赋予了惜别伤离之悱恻情意。

柳，在汉语中本与"留"谐音，有依依不舍的挽留之意。古人甚至形成了折柳送别的习惯，这一习惯到汉代成为普遍的习俗。《雍录》载："汉世凡东出函、潼，必自灞陵始，故赠行者于此，折柳为别也。"《天宝遗事》亦云："长安东灞陵有桥，来迎去送，皆至此为离别之地，故人呼之为销魂桥。"托名李白的《忆秦娥》词有这样的句子："年年柳色，灞陵伤别。"柳，从此成了离别哀怨的代名词。

丝丝缕缕的柳条，缠缠绵绵的柳絮，就这样成为千古离人心头吹拂不去的隐痛，成就了无数令人黯然销魂的惜别佳作，姜夔的《长亭怨慢》堪称其中的经典。寄兴风物，将复杂、深厚的情感寄托在自然的风光景物之中，人的情感与自然风物如此融化无痕，恐怕姜夔也称得上是咏物的"词中之仙"了。

沈义父曾在《乐府指迷》中指点咏物词的创作"迷津"："作词与诗不同，纵是花卉之类，亦须略用情意，或要入闺房之意。然多流淫艳之语，当自斟酌。如只直咏花卉，而不着些艳语，又不似词家体例，所以为难。"

这就是说，通常创作咏物词的惯例，即便是吟咏像花草树木这类没有生命没有情感的植物，也应该"略用情意"，尤其是"要入闺房之意"，这才符合词体"言情"的本色。其中的难点是既要将男女之情寄托在所咏之物上，但又要避免因过度描写情爱而流于"淫艳之语"。咏物词人的高明处之一就在于要拿捏好"言情"与"淫艳"之间的分寸，把握好所咏之物与情意的关系，让"物"与"情"水乳交融，不着痕迹。

按照这样的规范，我们就很容易将姜夔的咏柳词也当作一般的咏物词来理解了。姜夔也的确做到了在咏物词中"略用情意"，伤离怨别，但又着笔高雅含蓄，无一淫亵艳丽之语，堪称咏物词典范。

然而，如果以为姜夔只是像一般的咏物词人一样，将一种普遍、泛化的情感寄托在自然风光景物之中，为景造情，因文造情，那我们也许还没有真正走进他的内心深处。姜夔何以对柳如此偏爱？他在柳这一意象中寄托的相思惜别之情难道仅仅是对咏物词创作规范的亦步亦趋？

当代著名词学家夏承焘先生在笺释这首《长亭怨慢》时说："此亦合肥惜别之词，序引《枯树赋》云云，故乱以他辞也。"吾深以为是。

夏承焘这一解释阐明了两大信息：

其一，序言中姜夔故意说他因为深爱"昔年种柳"等句，因而引发咏柳的创作激情与灵感，其实不过是他使的障眼法。"故乱以他辞",表面上他和桓温一样是借柳树生发普泛的生命悲情,而实际上他要表达的却是另外一种情感。

其二,姜夔要表达的真实情感就是"合肥惜别"。这个信息至关重要,这说明姜夔咏物词不是要表达普适的、泛化的生命意识,也不是仅仅出于咏物词的规范需要在柳这一意象上"略用情意",而是与他个人的亲身经历与真实情感有密切的关系。

《长亭怨慢》一词就是姜夔离开合肥时与他的恋人离别时所作。这首词也是姜夔的自度曲,而且词牌《长亭怨慢》应该就是得名于词中"谁得似长亭树"一句。"慢",是词乐专业术语,即慢曲子,相对于节拍密集的急曲子而言,慢曲子节奏比较舒缓悠长,更适合抒发凄美幽怨的情感。一个"怨"字,更是流露出词人忧伤哀怨的别离之情。由此可见,《长亭怨慢》是姜夔因与恋人惜别,专门作曲、专门填词的一首新曲,同时也是他发自肺腑的一首心曲。

柳,之所以能够成为合肥恋情的象征意象,也有特定的来历。

原来,姜夔恋人所居之处,正是杨柳依依的"绿深门户"。合肥、柳、爱情,在姜夔的文字中往往是三位一体,表达的是同一种爱恋。姜夔在他的《凄凉犯》词序中也说到过:"合肥巷陌皆种柳,秋风夕起骚骚然。"他在《淡黄柳》词序中又云:"客居合肥南城赤阑桥之西,巷陌凄凉,与江左异,惟柳色夹道，依依可怜。"可见，每当姜夔忆及合肥，合肥巷陌中"依依可怜"的柳就成了他回忆中最深刻的意象，柳色深处隐藏的就是他最刻骨铭心的恋情。

因此，夏承焘认为，姜夔集中凡是咏柳和梅的词作，大多是为怀念合肥恋人所作，这首《长亭怨慢》即为其代表。

青年的姜夔，在孤苦的生活中能够得到温暖的恋情，无疑是清冷生命中的最大安慰。但布衣身份的他，当时连自己的衣食都没有着落，主要靠卖字为生。贫困交加的他，又拿什么去赎回恋人的自由之身呢？因为生计所迫，他不得不继续奔波于江湖，万般无奈中，与恋人的时聚时离成了他内心最深处的伤痛。

淳熙十三年（1186），三十二岁的姜夔来到湖南长沙，结识了著名的福建老诗人萧德藻（即千岩老人），萧德藻当时在湖南为官，早已听闻了姜夔的才名。萧德藻与他一见如故，还自称"四十年作诗始得此友"（周密《齐东野语》），对姜夔十分看重，以至于将自己钟爱的侄女嫁给了他。一生漂泊无依的姜夔，直到此时，方才有了一个稍显安定的家。后来，他又凭萧德藻的推荐，认识了杨万里、范成大等诗坛大家、政坛要员，后又依附张鉴生活十来年。他此后的生活，除了卖字，这些"富贵"朋友时不时的接济，成了他主要的经济来源。

朋友们的眷顾与资助，固然让飘零的姜夔有了可以暂时停泊的港湾。但是，青年时代与合肥恋人的山盟海誓——"第一是早早归来，怕红萼无人为主"却渐渐成了兑现不了的诺言。当年他惜别恋人的时候，一定是握着恋人的手，许下过郑重的承诺：等着我，我一定会再回来！

可是，世事难料，后来姜夔屡试不中，科举无望，他也曾试图以自己超一流的音乐才华博得当权者的青睐。庆元二年（1196），移居杭州的姜夔曾上书朝廷详细阐明他对于雅乐的提倡和修改建议，进《大乐议》一卷，《琴瑟考古图》一卷，奏请朝廷整改雅乐体制，可是朝廷的音乐机构太常寺对这位"民间音乐家"的出众才华嫉妒不已，最终他的建议和作品没有被采纳。后来他又呈上《圣宋铙歌鼓吹》十二章，朝廷终于下旨同意他免于科举，直接参加礼部考试，可这次考试仍然出师不利。

怀才不遇的姜夔，一生沉沦下僚，居无定所，他拿什么去履行自己对恋人的诺言呢？"待得归鞍到时，只怕春深"（《一萼红》），只怕被岁月摧折得衰老脆弱的词人，再回到曾经山盟海誓的地方，也已经找不到当初生死相许的恋人了吧？

"韦郎去也，怎忘得、玉环分付"，姜夔从来都没有忘记过对恋人的承诺，也从来没有忘记过分别时恋人对他的依依不舍与再三嘱托。

可是，"阅人多矣，谁得似长亭树"，柳树青青依旧，身不由己的姜夔却在沧海桑田的变化中沉浮流浪，他连自己的命运都无法主宰，又如何主宰自己的爱情？"谁教岁岁红莲夜，两处沉吟各自知"（《鹧鸪天》），两地暌违、各自相思的一对恋人，就这样成了彼此心中永远的爱与永远的痛。

从此以后，对合肥恋人刻骨铭心的思念就成了姜夔创作的重要主题，《长亭怨慢》中的"算空有并刀，难剪离愁千缕"，《鹧鸪天》中的"肥水东流无尽期，当初不合种相思"，《琵琶仙》中的"千万缕、藏鸦细柳，为玉尊、起舞回雪。想见西出阳关，故人初别"等，无不寄托着词人缠绵悱恻、千回百转的情思。浪迹天涯的词人，从此就将自己无尽的相思和哀怨缠绕在了千丝万缕的柳条之上。我想，这才是姜夔咏柳词《长亭怨慢》的主旨所在。

词解读到这里，明白了《长亭怨慢》咏物词的性质，也懂得了柳这一意象背后深隐的情意，不过，也许我们还是没有全面了解这首词的独特风韵，也没有完全感受到词人姜夔的独特风韵。因为在咏物词中"略用情意"，尤其是略用闺房情意原本是南宋词坛较为公认的创作原则，姜夔此词虽然堪称实践这一原则的典范，然而仅从这一点来理解作品的话，姜夔的艺术价值还是会大打折扣的。

姜夔的独特之处，在于他也咏物，他也言情，但他能不拘泥于物与情之本身，而是超越物与情的羁绊，提炼出飘逸空灵的气韵。这种"韵"，固然必须依托于他高超的创作技巧，但更来自词人的独特风度与气质。

何谓韵？韵本来是指声音，尤其指"音乐的律动"，是各种不同频率的声音和谐地组合在一起形成的音响效果。听过古琴、古筝等弦乐器的人都知道，拨动琴弦会产生特定的声音效果，而停止拨弦之后，琴声的余音仍然会长时间地持续回旋。

因此，在弹琴的时候，"音"是指拨动琴弦产生的声响，"韵"则是停止拨弦之后仍然持续不绝并且若隐若现、若有若无的余响。"韵"从声音的术语引申到品评人物，强调的则是超越身体的外在形态体貌而表现出来的一种精神气质，尤其用来形容具有深厚文化艺术修养和独特个性、超凡脱俗、飘逸空灵的气质，这种气质是身体感官不可见不可闻不可听不可触摸而只可意会的。

再引申到文学批评上来，"韵"则重在依托于文字但又不滞涩于文字的表面含义所表达出来的言外之意，也就是所谓的言有尽而意无穷。前人常常批评柳永的词是过度铺叙，"意过久许，言犹未尽"，意思已经完全表达出来了，可是文字还在絮叨不止；而姜夔获得的评价与柳永恰恰相反，他的词是以"韵"胜，语言凝练，含蓄飘逸，意味悠长。例如刘熙载云："姜白石词幽韵冷香，令人挹之无尽，拟诸形容，在乐则琴，在花则梅也。"（《艺概》）而姜夔自己论诗歌也是重在强调韵的，如他在《白石道人诗说》中就强调"韵度欲其飘逸"。姜夔身处江西诗派主宰宋代诗坛之时，本身又出于江西诗派，但能摆脱江西诗派的桎梏，体会到诗歌独特的气象、韵度确实是难能可贵的。

那么，到底如何体会姜夔的韵呢？

我想从姜夔其人与其词两方面来分析。

首先来看姜夔词之韵。姜夔词之幽情雅韵首要归功于他超一流的音乐造诣和对雅乐的精深研究，但此处我仅就其词的文字风格加以说明。

姜夔词表面咏柳，实则暗含相思惜别，言情主旨十分隐秘含蓄，仅以韦皋、玉箫的典故略略透露出相思无奈之感。且词中女性人物几乎没有正面出现，只是通过男性主人公的回忆，隐约在他的耳边再现分别时女子的声音："第一是早早归来，怕红萼无人为主。"这一珍重的叮咛，通过回忆的方式反复萦绕在词人的耳边，正如同余音绕梁的琴音，意味无穷，缠绵不绝。

何况，在《长亭怨慢》中，姜夔独具匠心地选择了他最为钟爱的柳作为主题意象，柳也是尤具女性风情与韵味的一种植物，前人常以柳来比喻这种风韵的特质。同时古人也以"柳枝"纤柔缠绵的姿态来比拟诗词的婉转绸缪之风韵。

再从读者的鉴赏效果来看。读姜夔的词，我们既看不到所恋女子的外形，也捕捉不到她讲话的神态，她的一切，都深深隐在词人的记忆中，隐在杨柳依依的"绿深门户"，隐在词人耳边反复重现的"第一是早早归来"的袅袅余音中，而女子对词人的绵绵情意，也仿佛随风扬起的"枝头香絮"，沾惹在词人的衣袖上，随着他飘飘洒洒，浪迹天涯……

也许这就是《长亭怨慢》的独特风韵了。我们读到的只是姜夔的文字，感受到的却是文字之外绵长深厚的韵味。当代词学家缪钺先生曾经以姜夔的一首诗作为例子，谈到姜夔作品的风韵。诗是这样写的：

> 我家曾住赤阑桥，邻里相过不寂寥。君若到时秋已半，西风门巷柳萧萧。（《送范仲讷往合肥三首》其一）

缪钺认为这首诗是"纯言情景以风韵胜者"。我也以为这首诗的风韵堪比《长亭怨慢》。姜夔的友人要前往合肥，于是姜夔赋诗相送。合肥，本是姜夔一生中最为梦萦魂牵的地方，然而他在向友人描述合肥的景致时，却只是貌似淡然地说了一句"西风门巷柳萧萧"。

姜夔生活的时代，正是南宋朝廷以屈辱求和赢得数十年太平的时候，然而姜夔曾经频繁往返的江苏、安徽一带，因为曾经遭受金兵的洗劫，那里已经是一片破败荒凉，这种国破家亡的感慨曾多次出现在姜夔的诗词作品中。但是就在这凄惨荒凉的合肥城中，柔情万种的柳和柳树下居住的合肥恋人曾经温暖过他。因为这段恋情，清冷凄凉的合肥也变得令人极度牵挂了。

依然是飘飘扬扬的柳，依然是无限情意曲折幽微地隐在了平淡的字句背后，颇有点"多少事，欲说还休"的意味了。姜夔的诗词，不讲道理，不发议论，不作"尽头艳语"，音律优雅和谐。他的文字就像一阵轻风悄然拂过，我们仿佛能够捕捉到随风而来的柳絮的淡淡清香，仿佛能够看到远处随风扬起的纤细柳条，仿佛能够听到随风飘送的婉转低吟。

"词家称白石曰白石老仙，或问毕竟与何仙相似？曰藐姑冰雪，盖为近之。"（刘熙载《艺概》）用庄子笔下藐姑射之山的冰雪神女来比拟姜夔的词，我想应该是非常接近其词之风韵了吧。

我曾经有一个也许不太恰当的比喻，将宋代几位词坛大家的词风与金庸武侠小说中的经典武功相比：

晏几道有如小龙女古墓派的"玉女心经"，在一片虚静中沉醉在梦幻般的过往，却流溢着超越肉体情欲的纯真爱恋，需要以心会心的心灵默契；苏轼则颇似周伯通自创的"空明拳"，原本是游戏为之，并不刻意遵循既定的章法，却因自身高深的武学造诣，即使是消遣，亦虚实相间，空明澄澈，柔韧兼具，直臻化境；秦观几类杨过在极度伤感、茫然中悟出的"黯然销魂掌"，一片凄恻缠绵却仍不失柔厚内力；周邦彦好比全真派的剑术，法度严谨，章法缜密，游刃有余，颇具大家风范；辛弃疾则神似黄老邪的"落英神剑掌"，即便是虚晃一招，其实虚招之下已暗含无数招变化，招数繁富奇幻，招招威猛凌厉，如桃林中狂风骤起，落英缤纷，可谓出神入化，神行万变；至于姜夔词的风韵，则仿佛是段誉的"凌波微步"，独得"神仙姊姊"逍遥派武功的精髓，潇洒飘逸，轻灵玄妙，姿态万方……

最后简单来看看姜夔其人的风韵。关于姜夔的气质，前人与当代学者颇有丰富且精当的论述。在此，我想仅就两方面来加以概括：其一，深于情；其二，雅于品。

"深于情"主要是指姜夔青年时代的合肥恋情。虽然因种种原因，这段恋情没有一个圆满的结局，但这是姜夔终其一生都没有忘怀过的一段情。据夏承焘先生考证，现存姜夔的80余首词中，约有22首为怀念合肥恋人之词，占四分之一多。而且，姜夔能摆脱一般俗词流于淫亵色情的弊端，其"诚挚之态度，纯似友情，不类狎妓，在唐宋情词中最为突出"。（《行实考·合肥情事》）

换言之，姜夔的深情着眼于精神之爱，而非仅限于感官享受的肉体之爱，这也是姜夔的词不直写艳情，却更让人感觉情韵动人的主要原因之一。

"雅于品"则是指姜夔孤傲高洁的人品和飘逸淡雅的气质。时人曾这样评价姜夔："白石道人气貌若不胜衣，而笔力足以扛百斛之鼎；家无立锥，而一饭未尝无食客；图史翰墨之藏，充栋汗牛；襟期洒落，如晋宋间人。意到语工，不期于高远而自高远。"（宋·陈郁《藏一话腴》）周密《齐东野语》也曾引姜夔自序云："参政范公（范成大）以为翰墨人品皆似晋宋之雅士。"

　　这是当时人对姜夔的评价，也是姜夔引以自傲之处，据说他"体貌清莹，望之若神仙中人""或夜深星月满垂，朗吟独步，每寒涛朔吹凛凛迫人，夷犹自若也"，外貌气质上无疑极似晋宋间的名士风度，飘飘欲仙，超凡脱俗，以至于还有人将词人中之姜夔直比作书法家中的王羲之。

　　那么晋宋雅士的风韵有什么特点呢？我想应该至少有两点：一是情之所钟正在吾辈的深情；二是在山水风物中发现自然的优美清静。这两点恰是姜夔气质的重要特质。《长亭怨慢》中对恋人的痴情回忆，对柳树柳絮的细微刻画，何尝不是姜夔个人风韵的一次绝佳展现呢？

　　姜夔一生无缘仕途，不得不长期寄食于人。卑微的地位、坎坷的人生反而成就了他孤傲的个性和不与流俗为伍的高洁品性。当时的贵胄公子张鉴是南宋初年著名大将张俊的后代，因为激赏姜夔的才华和人品，多次提出要割赠良田给他以供其衣食糊口，并且还愿意出资帮他谋得官爵，但姜夔断然谢绝。

　　才华横溢却甘心清贫终老，寄食于人却从未丧失独立的人格，这正是姜夔"雅于品"的一种表现。

　　我想，对于姜夔其人和其词的风韵，还是以他在自然界中感受最深，最为钟爱的两类意象来概括吧：如梅花般清雅的人品和淡淡的清香，如柳枝般依依深情的含蓄，亦如柳絮般不着痕迹的飘逸洒落。

南宋末年张炎曾以"清空""骚雅"评价姜夔的词，认为"姜白石如野云孤飞，去留无迹"（《词源》）；直到清代初年风行一时的浙西词派也奉姜夔为雅正之体。

其实，对姜夔来说，无字处皆有意，无言处皆有情，行迹飘过后，清空处风韵窈然，余音不绝。